像天才一样思考！

数学家与科学家的励志故事

大卫·E·麦克亚当斯

版权所有 © 2025。保留所有权利。未经版权持有人明确书面许可，本文件任何部分不得以任何方式复制、存储或传播（包括电子、机械、影印、录音或其他方式）。

目录

家长指南 1
混沌探险队：一支敢于好奇的团队 6
艾萨克·牛顿爵士——思考平凡之物 7
朱莉娅·罗宾逊——坚持到底的女王 8
埃利亚的芝诺：错了也可以很精彩 10
克尼多斯的欧多克索斯：教育的重要性 11
花剌子密：一点一点，步步前进 12
叙拉古的阿基米德：让生活更美好的发明家 13
勒内·笛卡尔：把数学学科"混搭"的人 15
皮埃尔·费马：数学谜题的制造者 16
玛丽亚·加埃塔娜·阿涅西：智慧与仁心的平衡者 ... 17
京房：数学的音乐，月亮的数学 18
布莱兹·帕斯卡：迫不及待想学习的男孩 19
皮埃尔和玛丽·居里：两束亮闪闪火花的力量 21
阿尔伯特·爱因斯坦：由好奇心驱动 22
简·古道尔：走进丛林的女人 23
沃纳·冯·布劳恩：梦想火箭的男孩 25
C. V. 拉曼：把科学放在第一位的科学家 26
乔治·华盛顿·卡弗：愿意分享光亮的科学家 28
芭芭拉·麦克林托克：玉米低语者 29
阿尔伯特·史怀哲：关心一切的人（连自己也关心！）... 30
列奥纳多·达·芬奇：用涂鸦画出梦想的科学家 31
弗洛伦斯·南丁格尔：什么都能注意到的护士 33
卡尔·萨根：会提聪明问题的观星者 34
伽利略·伽利莱：仰望天空、敞开心灵的观察者 ... 36
格雷戈尔·孟德尔：耐心的豌豆挑选家 38
罗莎琳德·富兰克林：解谜搭档 39
理查德·费曼：伟大的讲解大师 40
迈克尔·法拉第：真理的火花 41
约翰内斯·开普勒：行星谜题破解者 42
尼古拉·特斯拉：在火花里做梦的人 44

吴健雄：永不放弃的科学家……………………………………………45
蕾切尔·卡森：为地球发声的科学家……………………………………46
亚历山大·弗莱明：发霉的"惊喜英雄"…………………………………48
查尔斯·达尔文：不怕说"我还不知道"的探险家……………………49
第谷·布拉赫：超级无敌的星空测量大师………………………………51
德米特里·门捷列夫：混乱化学世界里的"秩序大师"…………………52
索菲·热尔曼：一次又一次追问"为什么？"的女子……………………54
保罗·埃尔德什：爱数字胜过睡觉的人…………………………………55
莱昂哈德·欧拉：数学魔法师……………………………………………57
詹姆斯·克拉克·麦克斯韦：隐藏规律的高手……………………………58

家长指南

数学家与科学家的励志故事,以及它们教给我们的美德

数学家与科学家的励志故事,以及它们教给我们的美德"这本书不只是故事合集。它更像一座点子花"——园每个故事是一粒种子,每种美德是一株小芽,长出来的可能性会让人眼睛发亮。孩子们在倾听、好奇、想象时,我们帮他们长的不只是知识,更是品格。

更是品格。这些页面里的每一位科学家和数学家,带来的不只是聪明他们也在告诉我们:该怎么生活。他们的思想把不可能的边界往外推,可他们的美德把他们稳稳地扎在地上好奇、耐……心、想象力、韧性等等。这些不只是天才的特质更是过好一生的特质。

如何和孩子一起使用这本书

每个故事结尾,请暂停一下。
可以问一问:这个人做了什么很难的事?
是什么帮助他们坚持下去?
他们正在变成一个怎样的人?
我们今天能怎么练习这种美德?

这些故事只是起点。让它们开花,变成聊天、涂鸦、家庭——小项目和小小反思。美德最容易长大是在一起生活、一起练习的时候。

鼓励孩子写日记、画画、角色扮演,或为每个故事设定一个简单的小目标。这些不只是课。它们是机会:一起打造一种家庭氛围,尊重智慧、好奇与温柔的心。

一起探索与练习的美德

好奇心玛丽·居里
她提出了别人从没想到要问的问题。

试试看：去"好奇散步"。做一本家庭"为什么日记"。让孩子看到你也会大声自问、认真好奇。

想象力——尼古拉·特斯拉
他梦见会和闪电跳舞的机器。

试试看：用纸箱做疯狂发明。睡前讲"如果……会怎样？"的故事。

坚持不懈——朱莉娅·罗宾逊
她常常失败，但还是一次又一次继续尝试。

试试看：庆祝"错误日"。分享你自己的挫折故事。做个家训："再试一次，然后试得更好。"

观察力——弗洛伦斯·南丁格尔
她发现了能救命的规律。

试试看：玩"发现细节"游戏。在家收集数据：谁补卫生纸？谁喂猫？

谦逊——查尔斯·达尔文
他愿意让证据改变自己的想法。

试试看：把"我错了"大声说出来。庆祝改变主意的勇气。

精准——第谷·布拉赫
他一笔一笔认真记录，绘出星图。

试试看：认真烘焙或做手工。量一量、惊叹一下。练习慢慢做好一件事。

教育——克尼多斯的欧多克索斯

他努力学习，然后把所学分享给别人。

试试看：让孩子教你一件新东西。聊聊"学习是一份可以分享的礼物"。

早早学习——布莱兹·帕斯卡

他不等"以后"，他早早就常常好奇。

试试看：问孩子："你现在最想学什么？"然后一起探索。

错了也可能是对的——埃利亚的芝诺

他的错误点燃了几百年的思考。

试试看：就算答案不对，也表扬孩子大胆思考。问："还有什么可能也是真的？"

批判性思维——卡尔·萨根

他教人如何聪明地提问、谨慎地相信。

试试看：做一个家庭"胡说探测器"。看广告或读标题时问："这里的套路是什么？"

一步一步的发现——花剌子密

他一层一层搭建出代数。

试试看：孩子学会一件事后问："下一步是什么？"鼓励把点子一层层叠起来。

韧性——吴健雄

她在拒绝中依然用才华与优雅往上走。

试试看：生活很难时说："那真的不容易。你依然很勇敢。"

灵活应变——亚历山大·弗莱明

他在意外里看见了神奇。

试试看：让"失误"变成冒险。就算不是原计划，也愿意走一条新路。

让生活更好——叙拉古的阿基米德

他用发明一次次改善世界。

试试看：问："家里有什么可以做得更轻松、更方便？"

整理与组织——德米特里·门捷列夫

他把零散的数据变成有秩序的表格。

试试看：分类袜子、贝壳。做一个"整齐好点子"板或笔记本。

在平凡里发问——艾萨克·牛顿

苹果掉下来时,他问："为什么？"

试试看：一起大声好奇。为什么烤面包机会弹起？为什么云会浮着？

连接点子——勒内·笛卡尔

他把代数和几何"拼在一起",让图像出现了。

试试看：问："这两个点子怎么合作？"把音乐和数学混搭,把做饭和化学混搭。

表达与沟通——理查德·费曼

他把科学讲得像游戏一样好玩。

试试看：让孩子把想法讲给你听。庆祝清晰表达。一起开心地互相教。

"如果呢？"——皮埃尔·费马

他想出让人头疼几百年的数学问题。

试试看：孩子遇到难题时问："你准备先试哪一种办法？"

责任感——蕾切尔·卡森

她诚实又坚定地为大自然发声。

试试看：照顾一个生命。问："今天谁（或什么）需要我们的帮助？"

生活平衡——玛丽亚·加埃塔娜·阿涅西

她在学习与服务之间找到时间。

试试看：安排安静学习，也安排快乐助人。问："今天谁会需要你的善意？"

自律——约翰内斯·开普勒

他花了好多年追踪宇宙的曲线。

试试看：选一个长期项目，一点点加上去。庆祝进步，而不是追求完美。

开放的心——伽利略·伽利莱

他用新眼睛看宇宙，即使付出代价。

试试看：欢迎不同观点。说："我们再看看。还有什么可能是真的？"

奇妙的探索——混沌团

他们跳进未知，发现隐藏的美。

试试看：跟着孩子最兴奋的问题走。给"野生好奇"留出空间。

给家长的最后一句话

天才不是"啪"地一下劈下来的闪电。 天才是一束会陪一辈子的火花。它会在睡前问出的那些小问题里闪一闪，会在优雅面对错误的那一刻亮一亮，也会在一颗敢于好奇的心里持续跳动。

当你和孩子一起读这些故事、一起想想它们带来的美德时你培养的不只是一个"懂科学的孩子"。你正在养育一个思考者、一个梦想家、一个行动派——一个知道怎样用勇气、快乐与智慧去生活的孩子。

让这些故事成为你们的指南针。让美德成为你们一家人的冒险旅程。

混沌探险队：一支敢于好奇的团队

不久之前，在加州圣克拉拉大学，一群充满好奇心的思考者聚在一起。里面有个年轻人叫罗伯特·肖（Robert Shaw）。他没戴巫师帽——但他的大脑，绝对是巫师级别的。

罗伯特和朋友们不是在找金子，也不是在追藏宝图。他们在探索一种更离奇、更古怪的东西：混沌。

插图1: 混沌团在探索混沌

不过先等等，混沌到底是什么？只是房间乱得像爆炸现场还是头发"今天不听话"的超级乱发日？不不不！在科学里，混沌指的是：事情看起来像随机、像不可预测，可在更深处……其实藏着秘密规律。

罗伯特·肖和他的伙伴们不走寻常路。别人研究那些"答案很清楚"的东西时，他们却问：

"为什么烟会卷成螺旋？"

"为什么天气没办法完美预测？"

"我们能不能在混乱里找到秩序？"

他们不知道这些问题会把自己带到哪里去——可他们一点也不退缩。相反，这正是让他们兴奋的地方！他们相信，未知不是用来害怕的！未知是用来探险的！

他们给自己取名叫 混沌帮 。但这个团体一点也不阴森。它闪闪发亮——亮在好奇心上。他们做奇怪的机器，画旋转的图像，还建立电脑模型，那些模型看起来像银河系在跳舞！

他们发现：

- 一滴一滴漏水的水龙头，竟然能像打鼓独奏一样"变花样"。
- 一个弹跳的球，可能会跟着某种"隐藏节拍"走。
- 甚至心跳、行星、音乐……在看似乱糟糟的表面下面，也藏着规律。

很多人喜欢整齐的答案。混沌团不一样。他们喜欢那种没有地图、没有指南针、也不保证能挖到金子的问题。他们的头脑像太空探测车一样，勇敢地滚进狂野的未知世界。

他们告诉我们：有时候，要发现惊人的东西，你得敢于说：

"我们还不知道。走，去找答案！"

从罗伯特·肖和他的朋友们身上，我们能学到：探索未知不是可怕的，反而是刺激的！科学不只是解题，更是好奇、漫游、欢迎惊喜。甚至在最乱的风暴里，只要你看得够仔细，也许就会发现一支美丽的舞蹈。

所以下次，当你看到雨滴在窗上赛跑，或树叶在风里打旋儿——记住：你正在看见混沌。也许，也许……你已经准备好去探索混沌了。

艾萨克·牛顿爵士——思考平凡之物

艾萨克·牛顿爵士是个爱思考的人。不过，他不是那种只爱想"超大、超狂"的点子的人，比如时间机器，或者用数学做成的龙（虽然他大概会觉得那也挺酷）。不，牛顿最喜欢思考的，是普通到不能再普通的东西——**就是你每天都能看见的那种。**

比如：

像"掉下来"。

像"跳起来"。

像"苹果从树上落下"。

还有……为什么我们不会像气球一样,直接从地球上飘走?

大多数人根本不会想这些。他们只会说:"当然我们会待在地上啊!"然后继续玩,或者继续吃三明治。

但牛顿不一样。他停下来。他盯着看。他开始好奇。

"为什么我跳起来,总会落回地上?"

插图2: 艾萨克·牛顿的苹果

"为什么苹果是往下掉,不是往旁边,也不是往上?"
"到底是什么看不见的力量在搞这件事?"

这种看不见的力量叫做重力,而牛顿帮助全世界更好地理解了它。

还有个很有名的故事,说有一次苹果"咚"地一下砸到牛顿头上——咚!然后他立刻开始思考重力。这个故事到底真不真?也许不一定。但它确实很能说明:牛顿特别擅长对身边那些"看起来很无聊"的东西,想得又深又认真。

刚开始认真学高等数学时,牛顿也会被搞糊涂。非常糊涂他差点想放弃。可后来有一天,突然之间一切都"啪"地对上了!他灵光一闪,出现了那种突然的"啊哈!"时刻——数学一下子就通了。

从那以后,牛顿把数学当成超能力:用它来探索平凡的现象,解锁宇宙的秘密。

所以,下次你看到苹果掉下来,或者你跳起来又落回地面甚至你自己绊了自己一跤——都可以偷偷笑一下。因为那就是牛顿正在思考的同一个世界。这个世界到处都是谜题，只等你去发现。

朱莉娅·罗宾逊——坚持到底的女王

你有没有试了又试——比如单脚站立、折一只纸青蛙、或者解一个超级刁钻的谜题——结果越弄越觉得：怎么就是不行啊？

那你猜怎么着？朱莉娅·罗宾逊对这种感觉可太熟了。她是一位数学家——也就是以解决超级难的数字谜题为"正经工作"的人——她花了很多年跟那些"死活不想被解出来"的问题较劲。

插图3：朱莉娅·罗宾逊正在努力证明一个定理

她的朋友伊丽莎白·斯科特曾开玩笑说，朱莉娅每周的日程大概是这样：

周一——试着证明一个定理

周二——试着证明一个定理

周三——还在试

周四——还在试

周五——定理是……哎呀，错的！

没错。朱莉娅失败过很多次。但她没有放弃。这就叫坚持不懈：试、失败、然后还是再试一次。

而且她从小就特别能坚持。

朱莉娅小时候生过一场很严重的病，严重到她整整两年不能上学。可她没有放弃。她每周只跟家教学习三天，却在一年里把四个年级的内容都补回来了！这就像别人一阶一阶爬楼梯，她却一下子跨上了四级台阶。

后来，她在数学和科学课里是唯一的女生。那时候，很多人觉得女孩子不该长大当科学家或数学家。但朱莉娅根本不在意他们怎么想——她喜欢数学，于是继续走。

大家都以为她会当老师，因为那是当时人们觉得女孩"应该做"的事。但朱莉娅有自己的计划。她成了著名数学家，不是因为她是"第一个女性"做到什么，而是因为她把那些看起来不可能的问题追到最后——直到它们不再不可能。

朱莉娅曾说过：

"我希望人们记住我……只是因为我证明过的定理和我解决过的问题。"

这句话换成更直白的意思就是："我不想因为我是第一个参赛的女生就拿奖杯，我想因为我跑完了比赛而拿奖杯！"

所以下次当你觉得某件事太难了，就想想朱莉娅：继续试就算今天是周一、周二、周三、周四……就算到了周五答案还是"没戏"。因为坚持，就是把"没戏"变成——"尤里卡！我找到了！"

埃利亚的芝诺：错了也可以很精彩

很久很久以前——大约 2400 年前——有一位哲学家叫埃利亚的芝诺（Zeno of Elea）。他大约出生在公元前 490 年，并在今天意大利一带的一所古老学派学习。那时候，人们不会像现在这样把学习分成"数学、科学、宗教、哲学"一门一门的。它们更像一锅大杂烩：点子、想法、问题，全都一起搅拌！

现在，精彩的部分来了：芝诺提出过一个理论，后来被证明是错的——但它错得非常有用！

芝诺相信：宇宙里的一切其实是一个巨大、不可分割的整体。为什么他会这么想呢？因为他脑海里演了一个"走到终点线"的小电影：你要走到终点线—— 第一步，你先走到一半。第二步，你再走剩下距离的一半。第三步，你再走剩下的一 。第四步……还是一半、一半、再一半……

插图4：埃利亚的芝诺走到"一半"

芝诺说：如果空间真的可以这样无限地"对半切"，那你就永远也到不了终点。于是他觉得：宇宙一定是不可分割的。

可是——你猜怎么着？**他错了**。我们现在知道，宇宙可以分成非常非常小的部分，而且你也确实能走到终点！

但芝诺的"错误"让人开始认真思考。他这种把东西越切越小的想法，后来启发数学家研究"无穷小"——也就是越来越接近0的超小量。

这种思路最终点燃了一个超级厉害的工具：微积分。今天微积分在科学、工程、航天，甚至电子游戏设计里都超级有用！

所以，虽然芝诺没完全说对，他却因为提出了这个想法，帮助世界向前跳了一大步。

有时候，犯错就是通往惊人发现的第一步。

克尼多斯的欧多克索斯：教育的重要性

你有没有遇到过这种情况：你拼命想弄明白一件事，结果发现——咦？原来早就有人把它解决了！所以向别人学习特别重要，尤其是对科学家和数学家来说更是如此！

克尼多斯的欧多克索斯生活在大约 2400 年前，他住的地方大致是今天的土耳其一带。欧多克索斯又好奇又坚定，想尽可能学到更多东西。他不只是读一本书、上一门课就算了——他直接展开了一场跨越多地的"学习大冒险"！

插图 5：欧多克索斯每天步行去雅典

一开始，他在今天的意大利，跟一位名叫阿尔基塔斯的老师学习数学和音乐。接着他又跑到西西里岛，向医生菲利斯顿学习医学。可他还没停！

后来，为了在雅典学习哲学和数学——那里正好有著名思想家柏拉图（Plato）在讲学——他每天都要走很远的路。欧多克索斯当时非常穷，只能住在海港边，每天再走进城里上课。但他不介意，因为他想向最厉害的老师学习。

再后来，他又一路远行到埃及，跟赫利奥波利斯（Heliopolis）的祭司们学习天文学。那些祭司是研究星星和行星的专家。经过多年的学习，他终于回到家乡克尼多斯，建起了自己的观测台（天文台），这样他就能继续研究天空，还能写书，把学到的知识分享给更多人。

因为学得特别多，欧多克索斯也能像自己的老师那样去教别人。他甚至还帮助解决了一个重要的数学问题！那时很多人认为：每个数都能写成分数。可有些数，比如 2 的平方根

（√2），就是不行。欧多克索斯想出了一种看待"比例"的新方法，帮助后来的数学家更好地理解这些难题。

欧多克索斯让我们明白一件非常重要的事：学得越多，就能发现得越多。而当你向别人学习时，你就不必从零开始。

这就是为什么人们会说，科学家和数学家是在**"站在巨人的肩膀上"**。欧多克索斯靠努力学习爬上了那些肩膀，然后又帮助别人爬得更高、更远！

花剌子密：一点一点，步步前进

很久很久以前，在热闹繁华的巴格达城里，住着一位特别爱解难题的人。他叫穆罕默德·伊本·穆萨·花剌子密（波斯语：محمد بن موسى خوارزمي）。这个名字有点长，所以我们就叫他——花剌子密。

花剌子密在一个听起来像魔法地点的地方工作：智慧宫。想象一下：一座巨大的

插图6：花剌子密在"智慧宫"

建筑，里面堆满卷轴、地图、工具，还有一群世界上最聪明的人，大家一起交流点子！那感觉就像把最酷的学校、图书馆和科学实验室，统统搅拌在一起。

花剌子密从不想"一口气全做完"。他相信解题要一点一点、一步一步走到答案。无论是研究怎么公平分土地，还是追踪星星的运动，他都把事情拆成小块，一块一块解决。

当有人拿来一道超级难的数学题，花剌子密会说："我们把它分成步骤。"他写过一本非常有名的书，叫《代数学》（Al-

Jabr），教人们怎样解方程——就算有一个数不知道，也能把它找出来！这个思路后来就被叫做代数，直到今天，全世界都在用。

他会把乱糟糟的数学问题整理得像天平一样：两边要平衡他那个年代还没有"×""+"这些漂亮的符号，他是用文字把步骤一条条写出来的！可就算这样，他也照样证明：只要慢慢来，再难的题也能被解开。

你有没有想过：我们现在用的数字系统是从哪儿来的？花剌子密帮助推广了印地—阿拉伯数字，也就是我们每天都在用的 0 到 9。更早以前，欧洲人常用罗马数字，比如 X、V、L——做数学简直麻烦到想叹气！

多亏了他，人们开始更普遍地使用位值制和十进制，加减乘除一下子轻松了好多。

花剌子密还画出了当时最准确的"已知世界地图"之一。他写过一本地理书，列出了 2400 多座城市的位置！他用经度和纬度帮助人们理解：自己到底在地球上的哪里。

他还纠正了更早地图（比如托勒密的地图）里的一些错误甚至帮助当时的统治者——哈里发马蒙制作过一张巨大的地图。就这样，一步一步，他的测量让人们对世界的认识变得更精确。

不仅如此，他也研究月亮、行星和星星。花剌子密制作了图表，显示太阳和行星如何移动；他还帮助设计或改进像星盘和日晷这样的工具，让人们能根据太阳和星星来计时。

花剌子密告诉我们一个重要道理：你不需要一次把所有事情都做完。

他也不是一天就"建好代数"的。他先学习来自印度、波斯、希腊的旧知识，再把自己的发现加进去——一步一步来。因为他不断学习、不断分享，他的工作影响了数学、科学和地图制作，持续了好几百年。

再大的点子，也都是从小小的一步开始的。

就像花刺子密一样，你也可以——一点一点，步步前进。

叙拉古的阿基米德：让生活更美好的发明家

插图7：阿基米德和他的"死亡光线"

很久很久以前——早在公元前 287 年——一个叫阿基米德的男孩出生在西西里岛上的一座城市：叙拉古。西西里岛现在属于意大利。阿基米德太爱数学了，爱到什么程度呢？就连洗澡的时候，或者被人用油按摩（那时候的人就爱这么干），他都会在自己皮肤上、或者壁炉的灰烬里乱画各种形状和线条。对他来说，数学简直像游戏一样好玩！

但阿基米德不只是爱幻想的人——他还是个超级发明家，真的改变了世界。他最早的一个大点子叫阿基米德螺旋。它像一根会拧的管子，能把水"扭"着往上送，让水爬坡。到今天，农民灌溉农田时还在用类似的装置呢！

后来，当他的城市遭到攻击时，阿基米德没有逃跑——他选择**发明**！他造出一堆疯狂的防御机器来保护叙拉古。比如巨大的"铁爪"，能把敌人的船抓起来、在空中甩一甩，再砸到岩石上。传说他还用镜子反射阳光，把船点着了（故事是这么说的！）。他不是为了好玩才这么做——他是为了守护自己的家。

不过阿基米德发明的不只有机器。他也让数学变得更强、更好用。他想出了测量曲线形状的方法，比如圆和球体，还提出了一些超重要的点子，几百年后甚至帮助像艾萨克·牛顿这样的数学家继续往前走。

他还想出了理解"东西为什么能浮在水上"的方法。这就是著名的阿基米德原理。所以当你"扑通"跳进泳池，水花溅出来的时候——没错，你正在亲眼看到阿基米德原理在工作！

他甚至还发明了一种聪明的方法来数超级超级大的数字，大到他说：连宇宙里所有沙粒都能数得出来。哇，这才叫"想得够大"！

尽管阿基米德能用滑轮移动船只、用发明吓退军队，他却觉得：**数学才是世界上最美的东西。**在罗马人进攻时他不幸去世，可据说他当时还在专心研究一道数学题。

阿基米德告诉我们：想象力 + 数学，真的能改变世界。他相信，即使最难的点子，也能让生活变得更好——一滴一滴，一拧一拧，一形一形地变好。

你也想发明点有用的东西吗？你会造什么，让生活更轻松或者更好玩呢？

勒内·笛卡尔：把数学学科"混搭"的人

勒内·笛卡尔是很久以前的一位大思想家。他 1596 年出生在法国。小时候他身体常常不舒服，所以别人一大早起床时，他反而被允许在床上多躺到上午晚些时候。可别以为他是在偷懒——就算还是个孩子，他也会在床上认真思考各种问题。

他在学校学习很刻苦，尤其对数学特别着迷。他喜欢

插图 8：勒内·笛卡尔在画图像

数学，因为数学清清楚楚、有逻辑、让人放心——不像有些东西说着说着就变成"猜一猜"。

后来，笛卡尔走遍欧洲，读了很多书。但他觉得：很多学问里充满了猜测和混乱，只有数学最靠谱、最扎实。于是他冒出了一个超级大胆的念头：如果我们用数学来理解整个世界，会怎样？

他最重要的发现是：他能把代数和几何这两块数学"合体"——要知道，在那之前它们几乎是两条完全分开的路。几何研究形状和线条；代数玩数字和方程。

笛卡尔发现：如果你把数字放到一个网格上（像坐标纸、像图表），你就能把形状变成方程，也能把方程变成形状！

这个神奇的想法后来变成我们今天说的笛卡尔几何，名字就来自笛卡尔本人。也正因为有了它，我们才能用像 $y = x + 2$ 这样的方程，在方格纸上画出直线和曲线。多亏了他，我们才能把"形状"和"代数"混搭在一起——这对设计建筑、制作电子游戏，甚至发射火箭都超级有用。

虽然笛卡尔也研究哲学和科学，但他把代数和几何拼在一起的这件事，绝对是送给世界的一份超大礼物。他让我们看到：不同的数学分支可以合作，而这种合作会让数学长出全新的、惊人的道路。

皮埃尔·费马：数学谜题的制造者

在法国南部阳光灿烂的地方，住着一位充满好奇心的律师——皮埃尔·费马。白天，他在图卢兹处理法律事务；可到了夜晚——啊，夜晚——他的脑袋就溜进了一个神奇的数字王国：数字、形状、还有让人抓心挠肝的谜题。

费马不只是解题。**他还发明新题！**他不太爱写"完整说明"或"漂亮论文"。相反，他喜欢把点子随手写在书的空白边上，还会给朋友写信，像这样挑衅一下："给你个谜语，看看你能不能解出来！"

这些挑战不只是数学题，更像一粒粒种子——小小的问题，后来会长成巨大的数学发现，有的甚至要过几百年才开花。

其中最出名的一粒"种子"，就是神秘到出圈的费马大定理："当整数 n 大于 2 时，不存在三个正整数 A、B、C，使得 $A^n+B^n=C^n$ 成立。"

费马说自己有证明——可他没留下证明的过程。就这一

插图9: 费马在书页空白处写字

句"我证明过了"（却不给你看），直接引爆了一场持续 350 年的数学寻宝之旅！在这段漫长的追寻中，数学家们甚至发展出了全新的数学分支。直到 1994 年，数学家安德鲁·怀尔斯才终于把它证明出来。

费马可不只会丢"大招"。他还在微积分的发展中起了重要作用；他和布莱兹·帕斯卡（没错，就是那个帕斯卡）一起研究过概率；他甚至还玩过光的物理，提出了费马原理：光会选择"用时最少"的路径前进。

但费马真正的魔法是什么？是他让世界看到：提出一个好问题，有时比知道答案更厉害。他的刁钻谜题让一代又一代数学家抓狂、着迷、又被点燃灵感。于是他也教会我们一个超级重要的真理：

一个提出得漂亮、充满好奇的问题，能在几百年里回响不散，邀请一颗颗好奇的脑袋去思考、去探险、去发现未知。

玛丽亚·加埃塔娜·阿涅西：智慧与仁心的平衡者

1718 年，在意大利米兰，一个女婴出生了，她的名字她出生的家里热闹得像开音乐会：有音乐、有钱、还有——超过二十个兄弟姐妹！（没错！一共 21 个孩子！）不过玛丽亚可不是普通小孩。她穿着漂亮裙子，却拥有一颗"超级大脑"。

玛丽亚五岁时就会说意大利语和法语；到了十一岁，她已经能用七种语言"闪亮登

插图 10: 玛丽亚·加埃塔娜·阿涅西在照顾病人

场"，简直像一条由词语组成的彩虹！她还有个外号叫"七舌演说家"。别说鹦鹉了，她连教授都能聊赢。

玛丽亚爱学习爱到什么程度呢？她用功到把自己学病了。医生说她该去跳舞、骑马、放松一下。可你觉得这会阻止她在策马飞奔时偷偷想数学题吗？当然不会！

当她不在帮一大群弟弟妹妹辅导作业时，她就一头扎进数字的世界。十四岁时，她已经在读弹道学和几何学的书了（很多人到了大学才第一次听说这些词！）。

十五岁时，她父亲举办豪华聚会，让玛丽亚在米兰最聪明的人面前展示才华。她当场"护住"了 190 条又大又难的观点，差不多就像连续赢了 190 场辩论——厉害到离谱。

可玛丽亚并不想要皇冠或城堡。她更想帮助别人、侍奉上帝。于是她跟父亲谈了个"协议"：如果她能在家安静做数学，她也会去帮助穷人。她真的做到了。她算的每一个数字，都带着一份善意。

玛丽亚写过一本超厚的数学巨著，叫《解析学教程》，是一本讲解微分和积分的指南。这种数学，科学家到今天还在用——研究火箭、过山车，甚至各种复杂系统都离不开它！她的书好到什么程度？教皇、女王，还有一大堆重要人物都给她写"粉丝来信"。

还有一条很有趣的数学曲线以她命名，叫"阿涅西女巫曲线"。别担心，它一点也不吓人——只是弯弯的、聪明的，就像玛丽亚的脑袋一样机灵。

后来，玛丽亚不再继续发表数学研究，却开始"发表爱心"：照顾病人、老人和无家可归的人。她把自己的财物都捐出去，甚至为慈善募捐，还创办了一所养老院，自己也像一位谦逊的修女一样生活在那里。

她在1799年去世时，并没有带走财富，却带走了满满的意义。

玛丽亚告诉世界：你可以又聪明又善良，既是数学家，也是人道主义者。她证明了：你的大脑和你的心，能像两只手一样一起工作，帮这个世界变得更好。

所以，下次当你平衡一道方程，或伸手帮朋友一把时，想想玛丽亚——这位把"平衡"练到大师级的数学天才。

京房：数学的音乐，月亮的数学

很久很久以前，在中国古代，大约两千年前，住着一位叫京房（京房）的人。他相信：数字不只是用来数羊的——数字还能打开音乐、星星，甚至月亮的秘密大门！

京房可不是"普通思考者"。他最厉害的本事之一，就是把数学和音乐混在一起。想象一下：别人弹琴听旋律，他却像解谜一样在"算音符"！他在皇帝的乐府工作时，发现了一件很神奇的事：如果你把53个"纯五度"（一种特别和谐的音程间隔）一层层叠起来，它几乎会和 31 个八度（同一个音不断变高）对上！

这就像什么呢？像你沿着一个几乎完美的圆走了好久好久，最后差一点点就回到起点——接近得让人惊讶！

为了算出这个结果，他用了很大的数字和聪明的技巧，比如不停地除、加、再除、再加……简直像用数学做了一

插图 11：京房——数学与音乐

道"音乐食谱"，不用面粉和鸡蛋，用的全是数字和规则。虽然他的计算精度大概只有六位数字，但已经接近到让人耳朵根本听不出差别。他的研究让人们第一次用前所未有的方式理解音乐调音。更夸张的是：欧洲后来居然过了 1600 多年，才有人追上他的这个想法！

不过京房研究的可不只有音乐。他也喜欢仰望天空，还发现了一个超级酷的月亮秘密：月亮自己不会发光。月亮是在反射太阳光，就像一面巨大的发光镜子！他甚至很早就知道月亮是圆的，像球一样——比很多人相信这件事早得多。

还没完呢。京房还痴迷一本古老的智慧之书——《易经》（也叫）。这本书里有卦象、六十四卦、满满的神秘感。京房用数学去探索其中的规律，甚至根据这些模式来做预测。你可以说，在他眼里，数学像一把魔法钥匙：能打开声音、空间、时间与变化的门。

很可惜，京房的人生结局带着悲剧色彩，但他的思想却活了下来，穿越了许多个世纪，继续启发科学家和音乐家。

所以，如果你喜欢数字、音乐、星星，或者爱解谜——那你可能早就在跟着京房的"节拍"跳舞啦。

布莱兹·帕斯卡：迫不及待想学习的男孩

在法国，有一座叫克莱蒙的城市。1623 年 6 月 19 日，一个男婴在那里出生，他叫布莱兹·帕斯卡。当时谁也没想到：这个男孩还没到 40 岁，就会成为数学、科学和哲学领域里最耀眼的头脑之一！

帕斯卡三岁时，母亲去世了。父亲埃蒂安照顾他和他的姐妹们。埃蒂安对教育有一些非常强烈（而且有点"奇怪"！）的想法：他决定帕斯卡在 15 岁之前不许学数学。没错，**数学——禁止入内**！

插图12: 布莱兹·帕斯卡向父亲展示发现

可帕斯卡太好奇了。他心想：数学到底有多厉害，才要被"藏起来"？于是他 12 岁时偷偷自学。某天，他突然把一个发现拿给父亲看：三角形的内角和永远等于两个直角（180°）！埃蒂安震惊又佩服，只好"投降"，把伟大数学家欧几里得的书交给他。帕斯卡就像打开了一只数学宝箱。

14 岁时，帕斯卡开始跟着父亲参加巴黎那些"天才云集"的聚会。想象一下：一个少年不去打游戏，却和数学大师、哲学家一起聊天！16 岁时，他拿出一个叫帕斯卡神秘六边形的成果，把大家都惊到了——那是几何学里一个充满秘密的神奇形状。

后来他们搬到鲁昂，帕斯卡帮父亲处理收税的工作。但要把各种硬币、里弗、苏、德尼尔算清楚，数学可太绕了。于是帕斯卡做了一件超酷的事：他发明了一台能做加减法的机器！它叫帕斯卡计算机，看起来就像早期的计算器。那时他才 19 岁。

可帕斯卡还没停。他还想知道：空气和水为什么会那样"表现"？他研究压力，证明真空是可能存在的，还和著名哲学家勒内·笛卡尔因为"空无"吵过一架。（笛卡尔还吐槽说帕斯卡"脑子里真空太多了"。哎哟，扎心！）

接着又是一连串发现。他弄明白液体如何对物体施加压力（后来叫帕斯卡定律），还研究水滴形状、曲线、旋转的圆。他甚至和另一位大人物——皮埃尔·费马（Pierre de Fermat）——一起创立了概率这门数学：也就是游戏、猜测与"机会"的数学。

可惜帕斯卡身体常常不好，但他从不停止思考。就算躺在床上，他也会写信讨论骰子游戏和刁钻的数学谜题。后来有一晚，他经历了一次可怕的马车事故后，出现了强烈的精神体验。从那以后，他把很多精力投入到写作，思考信仰、希望，以及关于上帝的重大问题。

到了生命的最后几年，他还是忍不住爱数学。他发起了一个关于摆线（一种特殊曲线）的竞赛，甚至还解出了别人解不出来的题。

帕斯卡 39 岁就去世了，可他在短短一生里做的事，像好几辈子那么多。他证明了：越早开始、越保持好奇、越敢追着点子跑，就越能点亮世界。无论你问的是"这个角是多少？"还是"人生的意义是什么？"，帕斯卡都用行动告诉你——提大问题，永远不嫌早。

皮埃尔和玛丽·居里：两束亮闪闪火花的力量

在法国巴黎，住着两位超级好奇的科学家：皮埃尔·居里和玛丽·居里。他们可不是那种"普通的实验室科学家"，穿着白大褂、戴着护目镜、按部就班地做实验（好吧，他们可能真的有白大褂）。他们更像"超能科学家"——充满惊叹、决心，还有对学习的热爱。一旦他们联手，脑袋里的点子简直像会发光一样！

玛丽出生在遥远的波兰。那时候，女孩子并不总能像男孩子一样上学。但玛丽太爱学习了。她读书像在读藏宝图一样认真。她常常读到深夜，为了继续学习，她省下每一分钱。后来，她终于搬到巴黎，追逐成为科学家的梦想。她还不知道——她马上就会遇到一个改变她人生的人。

插图13: 玛丽和皮埃尔·居里在实验室里

皮埃尔是个安静的思考者，喜欢长时间散步，也喜欢想那些"大问题"。他研究事物怎样运动，世界为什么会那样运转。他很聪明，但更重要的是，他很善良、很体贴。皮埃尔见到玛丽时，很快就意识到："哇，她太厉害了。"

而你猜怎么着？玛丽也觉得他很厉害。

他们不是靠鲜花和巧克力谈恋爱。不不不——他们是靠科学谈恋爱！他们很快就开始一起工作，研究一种看不见的东西：辐射——从某些特殊岩石里冒出来的微小物质与能量。那时人们还不太懂这是什么，但皮埃尔和玛丽下定决心要弄清楚。

他们在一间又冷又满是灰尘的小棚屋里工作。没有豪华仪器，没有大机器——只有大脑、合作，还有顽固到不肯放弃的好奇心。一天又一天，连续好几个小时，他们搅拌一锅又一锅被碾碎的矿石，只为了从里面找出"新东西"。

然后——他们真的找到了。

皮埃尔和玛丽一起发现了两种全新的元素：

- 钋（用玛丽的祖国波兰命名）
- 镭（会发光！）

他们揭开了一种强大、神秘、前所未见的东西。

他们不只是肩并肩干活。他们分享点子，互相帮助，让彼此变得更强。这就叫协同效应：一加一不等于二，而是……远远大于二！

1903年，皮埃尔和玛丽一起获得了诺贝尔物理学奖。他们创造了历史，不只是因为发现了什么，更因为他们做到这一切的方式：靠团队合作、彼此信任，以及共同的学习热爱。

即使后来皮埃尔去世，玛丽仍继续研究、发现、教学。她成为历史上第一位获得两次科学类诺贝尔奖的人。

那么，皮埃尔和玛丽为什么这么成功？他们聪明——当然。勤奋——绝对。但最关键的是：他们把各自的优点合在一起。他们倾听彼此，鼓励彼此，相信：科学也好，生活也好，人们一起合作会更好。

这，就是协同效应。

阿尔伯特·爱因斯坦：由好奇心驱动

把乱蓬蓬的头发、梦一样的微笑、还有一百万个停不下来的问题混在一起，会得到什么？你会得到——阿尔伯特·爱因斯坦，那个永远停不住"想一想"的男孩。

爱因斯坦并不总是最优秀的学生。他不喜欢死记硬背，也不爱乖乖坐着不动。可在他的脑袋里，事情可忙了——他的思维嗡嗡作响，像一座蜜蜂工厂！

他会盯着指南针看好几个小时，心里问："为什么指针总是指向北方？"

他会想象自己和一束光并肩赛跑。

他还会问一些让人头大的问题，比如："时间到底是什么？它总是以同样的速度往前走吗？"

很多人遇到"问题太大"就会停下来。爱因斯坦不会。他的好奇心比困惑更强大。

他不是只读答案的人——他会追着点子跑。

他发明了许多迷人的"思想实验"，就像用数学做的白日梦：他想象宇宙飞船上的时钟，想象在太空里漂浮的电梯；想象像网球一样弹来弹去。每一个奇怪的想法，都让他更接近宇宙真正的运作方式。

插图14: 阿尔伯特 爱因斯坦在思考时间

于是，他提出了相对论。相对论是科学史上最惊人的点子之一，它改变了我们看待时间、空间，甚至重力的方式！

而这一切，竟然都是因为他问了一句："如果……会怎样？"

爱因斯坦之所以伟大，并不是因为他总能立刻给出正确答案。他伟大，是因为他从不停止提问。即使到了老年，头发雪白、眼神温和，他也说过：

"我没有什么特别的才能。我只是热烈地好奇。"

好奇心就是他的引擎，像火箭燃料一样推动他的思考！

所以下次当你看见星星、旋转的陀螺，甚至洗澡水里的一个小泡泡……问个问题吧。追着答案跑吧。让你的惊叹带路。因为你永远不知道——一个小小的"为什么"，也许就能点亮整个世界。

简·古道尔：走进丛林的女人

有些人会等"最合适的时机"。有些人会等别人告诉他该做什么。那简·古道尔呢？

她一把抓起笔记本，背上望远镜，直接走进了丛林。这个故事讲的就是：一位勇敢的女性决定——追梦不一定要等"批准"。

简小时候特别好奇，而且爱动物爱到不行。她读《泰山》之类的书，想象自己住在野外。

插图15 简·古道尔和黑猩猩

她把虫子带上床，观察蚂蚁在花园里排队行军；她还曾经在鸡窝里躲了好几个小时，只为了亲眼看看鸡蛋到底是怎么下出来的！

别的孩子想当宇航员、面包师。简却想和动物住在一起，揭开它们的秘密。

简没有上什么"超级豪华"的科学名校。甚至有人对她说："你只是个女孩。你不可能去非洲。"可简没有在原地等。她努力工作、存钱，然后真的坐上船去了肯尼亚。

到了那里，她遇到一位著名科学家。那位科学家看见她的热情，给了她一个机会——简的冒险就从这里正式开始了。她深入坦桑尼亚的森林研究黑猩猩，不是在笼子里，而是在它们真正生活的野外。

简没有高科技设备。她只有耐心、一本笔记本，还有一大堆花生酱三明治。

她静静坐上好几个小时，看黑猩猩荡来荡去、玩耍、争吵打架、拥抱。慢慢地，它们开始信任她。

然后你猜怎么着？简做出了惊人的发现：

- ◆ 黑猩猩会使用工具，就像人类一样！
- ◆ 它们有情绪，会快乐，也会难过。
- ◆ 它们有"名字"、有个性、有家庭！

以前没人这样看到过。但简看到了，因为她真的在那里——观察、好奇、行动。

简没有坐等世界递给她一张地图。她自己开路。她很主动也就是说，她会让事情发生。她告诉我们：勇敢不一定要很吵、很张扬。你只需要在乎、行动、并坚持下去。

直到今天，简依然在世界各地奔走，保护动物，也告诉孩子们：你们也能带来改变。

她说：

"每个人都很重要。每个人都有自己的角色。"

这句话的意思就是：你也可以像简一样。你可以好奇，你可以关心，你可以从小事开始，做出很大的事。

沃纳·冯·布劳恩：梦想火箭的男孩

沃纳·冯·布劳恩还是个男孩时，他不只是看星星——他是在瞄准星星。

别的孩子可能梦想放风筝、造小赛车。小沃纳却抬头望着月亮，心里想着："我怎么才能到那里去？"

他从一开始就**"先想终点"**，不只是想造火箭——而是想把人送进太空。

沃纳 1912 年出生在德国。他特别爱看太空和科幻书。有一次，他为了看看会发生什么，竟然把烟花绑在玩具小车上（剧透：它确实冲出去了，但一点也不安全！）。

长大后，他读得更多、学得更多，还不停追问：运动、速度、重力、燃料到底怎么回事？他不只是玩玩而已——他是在计划。每一个点子、每一张图纸、每一次火箭测试，都是朝着一个大目标迈出去的一步：太空旅行。

沃纳并不是一夜之间就变成太空科学家的。他造过不成功的火箭，测过会爆炸的发动机。但他一直学习、一直修正，眼睛永远盯着天空。

后来，在第二次世界大战期间，他为德国研制火箭。战争结束后，他去了美国。他心里那个梦想还在：把人送上太空。

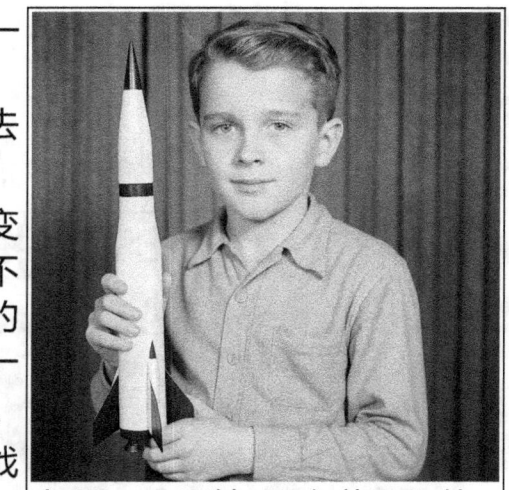

插图16: 沃纳·冯·布劳恩和他的火箭

沃纳加入了 NASA（美国国家航空航天局），帮助设计了土星五号（Saturn V）火箭——这是当时建造过的最大、最强的火箭。它不只是"飞起来"，它把宇航员一路送到了月球！

1969 年，当阿波罗 11 号发射升空时，沃纳看着自己的梦想冲向天空。一步一步、一个计划接一个计划，他把"不可能"变成了"真的做到了"。他先想好终点，然后一路坚持，直到抵达那个终点。

沃纳·冯·布劳恩曾说：

"我学会了要非常谨慎地使用不可能这个词。"

他先有清晰的愿景，再从终点往回推，一步步把所有东西搭出来——每一步都为最终目标服务。这就是大梦想如何诞生，也如何成真的方法。

你也有一个梦想吗？想造点什么？发现点什么？到达一个从没人去过的地方？那就学沃纳这样做：

1. 先想象出来（**先想终点**）

2. 制定计划
3. 动手去做

然后别停下——直到你的"火箭"真的飞向星空。

C. V. 拉曼：把科学放在第一位的科学家

在印度，有个男孩特别喜欢"光"。不是电灯泡的光，也不是手电筒的光，而是——光本身：阳光落在树叶上的闪亮，月光在水面上的银色，还有光怎样反射、弯折、或者变成不同的颜色。

这个男孩叫钱德拉塞卡拉·文卡塔·拉曼，不过大多数人都叫他 C. V. 拉曼。他后来成了世界上最耀眼的科学家之

插图17: 烛光下的 C. V. 拉曼

一。而他做到这一点，靠的是一件非常重要的事：把最重要的事放在最前面。

拉曼小时候聪明得惊人。他很早就读完了学校课程，还是个少年就进了大学！

但拉曼并不把时间花在"炫耀聪明"上。别的同学打游戏、睡午觉时，拉曼直奔图书馆。他把科学期刊当"娱乐读物"，还会问一些特别"疯狂"的问题：

- ◆ 为什么天空看起来是蓝色的？
- ◆ 光照到水上会发生什么？
- ◆ 光能不能告诉我们秘密？

他不只是好奇——他很专注。

大学毕业后，拉曼当了一名政府官员。工作很忙，但你猜怎么着？他并没有停止做科学。

他把每一点空闲时间都用上：午休、晚上、周末——去实验室、做实验、写论文。拉曼不会说"我太累了"。他会说：这对我很重要。"

他知道自己的梦想是什么，也愿意为它腾出时间。这就叫——把最重要的事放在最前面。

有一天，拉曼坐船时注意到阳光在海面上跳舞。于是他开始想：**光穿过水时，到底发生了什么？**

他做实验，用阳光、玻璃瓶，再加上一大堆脑力。然后——砰！他发现了一个全新的现象：当光在某些材料里散射时，光的颜色会改变。这后来被称为拉曼效应，彻底改变了科学家研究光的方式！

1930年，他成为第一位获得诺贝尔物理学奖的亚洲科学家。原因很简单：他一直把最重要的事情放在第一位。

拉曼没有想"什么都做"。他选择最重要的目标，然后全力以赴。

所以下次你在想"我该先做什么？"的时候，记住拉曼：

- ◆ 先写作业，再看动画片。
- ◆ 先练习你的拿手本领，再上大舞台。
- ◆ 一步一步专注地追梦。

因为当你把最重要的事放在最前面，你的光也会像拉曼的一样——亮得发光。

乔治·华盛顿·卡弗：愿意分享光亮的科学家

很多年前，有个男孩叫乔治，他最爱的东西不是玩具，也不是糖果——而是植物。他会跟花说话，认真研究叶子，还梦想着让世界变得更绿、更好。

后来，这个男孩长大了，成了乔治·华盛顿·卡弗——一位科学家、老师、发明家。他相信：当我们帮助别人时，我们也会一起成长。

乔治出生在奴隶制度下，但他没有让这件事阻挡自己。他拼命学习，想把关于植物和科学的一切都弄明白。他相信知识是一份礼物，应该拿来分享。

他发现了花生的 300 多种用途——不只是花生酱！还可以做颜料、胶水，甚至做橡胶之类的东西。可乔治并没有给大多数发明申请专利。为什么？因为他希望大家都能从这些点子里受益。

插图18: 乔治·华盛顿·卡弗在教课

在美国南方，很多农民日子很难过。土地因为长期只种棉花变得"累坏了"。乔治教他们改种花生和红薯，这样不仅能让土壤恢复，也能让农民有新的作物可以卖。

他还发明了一种"会移动的教室"，叫"杰瑟普马车"，把教育直接送到农民身边。乔治相信：当农民成功了，整个社区都会兴旺起来。

乔治曾说过：

> "衡量成功的，不是你穿什么衣服，也不是你开什么车，更不是你银行里有多少钱。这些都不算什么。真正衡量成功的，是服务。"

他用行动告诉我们：真正的成功，是也能帮助别人成功。

- **分享知识**：帮别人学会东西，会让大家都更聪明。
- **多想想别人**：做选择时，想想会不会影响到身边的人。
- **一起成长**：成功分享出去，会变得更甜、更有意义。

所以，学学乔治吧：种下善意的种子，用知识浇灌它们，然后看着"美好花园"一点点长出来！

芭芭拉·麦克林托克：玉米低语者

大多数科学家用显微镜。有些人用笔记本。芭芭拉·麦克林托克还用了一样特别的"工具"：超多的耐心。她不只是看植物——她会"听"植物。它们告诉她的秘密？直接改变了我们对基因的理解！

芭芭拉 1902 年出生，从小就爱解谜。她对洋娃娃和裙子没什么兴趣。她忙着把东西拆开，看看里面到底怎么运作。

插图 19: 芭芭拉·麦克林托克研究玉米

长大后，她学习科学——尽管那时候很多人觉得女孩不该学这些。但芭芭拉不会被拦住。她跟着自己的好奇心一路走进田野……更准确地说，是走进玉米地。

芭芭拉花了很多年研究玉米，不只是研究它怎么长，更研究它的基因怎么工作。你知道玉米粒上那些小小的彩色斑点吗？它们不只是好看——它们是线索。是关于"信息如何从一株植物传到下一株"的线索。

芭芭拉用显微镜深入观察玉米细胞，结果发现了一件怪事……基因在移动！它们像小跳蚤一样从一个位置跳到另一个位置。以前从来没人见过这种事。

当芭芭拉把这个发现告诉别的科学家时，很多人说："基因怎么可能会跳？这不合理！"

可芭芭拉没有生气，也没有大喊大叫，更没有吵架。她只是继续"听"她的玉米——听数据，听事实，听真相。

她想做的是理解，而不是马上被所有人理解。慢慢地，世界终于追上了她。

多年之后,科学家们发现芭芭拉从一开始就是对的。她发现的"跳跃基因"(也叫转座子,transposons)解释了基因如何改变、如何适应环境。1983年,很多年之后,她获得了诺贝尔生理学或医学奖!

芭芭拉不着急。她不靠大声来让人听见。她安静而专注地倾听,让大自然当她的向导。

所以下次当你好奇时,记住她:

- ◆ 仔细观察。
- ◆ 多问问题。
- ◆ 先听,再说。

因为有时候,最有耐心的思考者,反而会做出最大的发现。

阿尔伯特·史怀哲:关心一切的人(连自己也关心!)

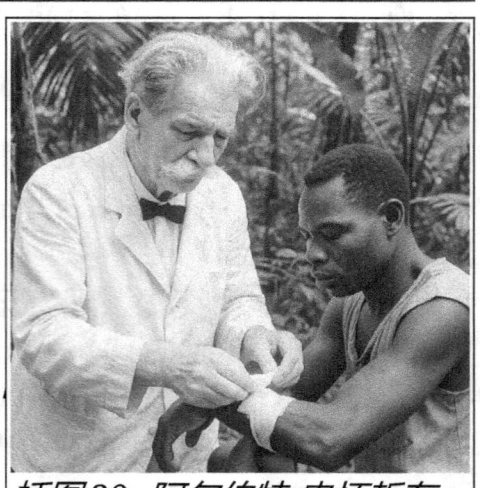

插图20: 阿尔伯特·史怀哲在包扎伤口

在法国一个叫凯泽斯贝格的小镇里,曾经出生过一个婴儿——他长大后,会用惊人的方式帮助世界,也帮助自己。他是谁?阿尔伯特·史怀哲(Albert Schweitzer,读起来像"施外特-瑟"!)。

史怀哲小时候就特别好奇,脑袋像海绵一样吸收知识。他会问:"我们为什么活着?""我怎么才能帮助别人?"他爱读书,学音乐,还把巨大的管风琴弹得美得不得了——要是树上的鸟听见了,说不定都会跟着跳舞。

史怀哲太爱学习了，他在大学里竟然拿了三个学位：哲学、音乐和神学（研究上帝与精神世界的学问）。然后，30岁时，他做了一件超级"狂"的事：他回学校重新读书，当医生！他对自己说："如果我想帮助世界，我也得学会治病救人。"于是他开始学医学，让自己的大脑再升级一波！

在非洲当医生一点也不轻松。史怀哲在丛林里建了一所医院，帮助了成千上万的人。他挑水、劈柴、从早到晚给病人看诊。可同时，他也会记得照顾自己：吃得健康，能休息就休息，忙了一整天弯腰照顾病床后，还会拉伸背部。他相信：把身体照顾好，才能更好地照顾别人。

史怀哲相信一个他称为"敬畏生命"的理念。意思是：关心所有生命——人、动物，甚至小虫子！不管别人来自哪里、贫穷还是富有，他都温柔对待。他的心大得像身边那片丛林一样。

史怀哲也会弹管风琴让自己安静下来。压力大的时候（当然会有！），他会弹巴赫的音乐，让音符把心带到更高、更清澈的地方。他也会祈祷、写书，谈善意与和平。他相信：帮助别人，是让自己心里快乐的最好办法。

那么，我们能从史怀哲医生身上学到什么呢？想帮助世界最好的起点是先照顾好自己。用学习照顾你的头脑；用运动和休息照顾你的身体；用善良照顾你的心；用平静照顾你的精神。

这样，你就会像史怀哲一样——带着完整的自己，准备去改变世界！

列奥纳多·达·芬奇：用涂鸦画出梦想的科学家

在意大利一个叫芬奇的小镇上，曾经出生过一个男孩——他怎么也停不下来：不停画画、不停搭东西、不停思考、不停好奇。他叫列奥纳多，而且——哇！他的脑袋简直忙到冒烟！

大多数人认识列奥纳多·达·芬奇，是因为他画了《蒙娜丽莎》那抹神秘的微笑，或《最后的晚餐》里那十二位惊讶的晚餐客人。可你知道吗？他还是个想象力爆炸的科学家！他不只是"跳出盒子思考"——他干脆画了一个更好的盒子，把它改造成直升机，然后还想象自己坐着它飞到月亮去！

插图21: *列奥纳多·达·芬奇和他的直升机*

列奥纳多没有上什么豪华名校，也没有在实验室里学科学。他是靠观察学习的：观察鸟、花、河流，甚至扭来扭去的小虫子。他一册又一册地写满笔记本，画肌肉、机器、骨头、泡泡、蝙蝠……他研究水怎么流、人怎么走。**他想知道一切！**

他会问：

鸟是怎么拍翅膀的？

我能不能造一台会飞的机器？

人体里面到底有什么？

列奥纳多想出了很多当时还不存在的机器：

- 像"会飞的螺丝钉"一样的直升机
- 金字塔形的降落伞
- 能坐下、还能挥手的机器人骑士
- 用来水下探险的潜水服

它们都能成功运作吗？不一定！但列奥纳多不在乎。他相信：想象是发明的第一步。而他的点子，后来真的启发了几百年的科学家。

列奥纳多对什么都好奇。他研究：

- 解剖学：把皮肤下的肌肉画出来
- 天文学：把月亮的光画下来
- 工程学：设计桥梁和抽水机
- 植物学：观察叶子怎么长成螺旋

他甚至用镜像字写笔记——把字倒着写！（有人说他是为了保密；也有人觉得他就是喜欢挑战。）

列奥纳多·达·芬奇告诉我们：科学不只是规则和公式，科学也离不开想象力。他不怕犯错，不怕做大梦，也不怕把艺术和科学像调色盘上的颜料一样混在一起。

所以，如果你曾经用积木搭过高塔、画过火箭、或者问过一句"如果……会怎样？"——恭喜你！你正在像列奥纳多一样思考。

也许有一天，你随手涂鸦出来的一个点子，就能改变世界。

弗洛伦斯·南丁格尔：什么都能注意到的护士

在一个烛光摇曳的年代里，曾经有个女孩叫弗洛伦斯·南丁格尔。她1820年出生在意大利的佛罗伦萨——所以她的名字就这么来的！她在英国长大，脑袋充满好奇，心里装着善良。可她还有一个超级特别的"超能力"，让她和别人不一样：她特别会注意细节。小细节。关键细节。别人看不到的细节。

插图22: 弗洛伦斯·南丁格尔展示饼图

弗洛伦斯有科学家的眼睛,也有超级英雄的灵魂。别人只是"看见",她却会"观察"。而这差别,后来改变了很多人的命运。

从小到大,她就会认真留意一切:植物怎么长、动物怎么做、人的情绪怎么变化。她会问:

为什么会这样?

这里有什么规律?

怎么才能变得更好?

她的家人希望她去参加舞会、穿漂亮礼服。但弗洛伦斯想要的不是那些。她想帮助别人,用她的观察力去救命。

后来,克里米亚战争爆发了。弗洛伦斯成了一名护士,去照顾受伤的士兵。**可她一到医院,就看见了很糟糕的景象:**

- 地板脏得要命。
- 病床挤得像沙丁鱼罐头。
- 水又脏又不安全。
- 最可怕的是:死于疾病的士兵,竟然比死于战伤的还多!

很多人不明白原因。但弗洛伦斯开始做她最擅长的事:她观察、她统计、她倾听、她测量。

她发现了什么?糟糕的卫生——脏手、脏工具、脏医院——正在让所有人更容易生病、更容易死去!

弗洛伦斯不靠猜。她收集数据,做图表,甚至画出那种"像花一样漂亮"的彩色饼图!这些图把问题清清楚楚摆在英国政府面前。

她说:"看!医院干净了,就能救命!"你猜怎么着?人们真的听进去了。英国乃至更远地方的医院都变得更干净、更安全——就因为有一个女人看见了别人忽视的东西。

夜里,弗洛伦斯提着一盏灯,走在走廊里,逐个查看病人士兵们叫她"提灯女士"。可她不只是提灯的人——她是那个用观察、记录,一条条认真笔记去改变世界的人。

专注地注意周围（真正看见）是一种超能力。你不需要白大褂，也不需要显微镜。你只需要保持好奇、保持敏锐、永远别停止发问。因为谁知道呢？下一个大发现，也许就来自你——只要你愿意停下来……去注意。

卡尔·萨根：会提聪明问题的观星者

在一个闪闪发亮的夜晚，满天星星像撒开的亮粉。一个叫卡尔·萨根的男孩抬头望着天空，忍不住开始发问：

"天上的那些光到底是什么？"

"会不会有别的星球也像地球一样？"

"那里会不会有人在对我们挥手？"

插图23：卡尔·萨根在思考聪明问题

卡尔不只是做梦——他会思考。他不只是相信——他会质疑。他不只是猜测——他用批判性思维去探索宇宙最大的谜团！

卡尔1934年出生在纽约布鲁克林。他喜欢漫画、恐龙和科幻故事。但就算还是个孩子，他就已经爱问一些又聪明又刁钻的问题：

"我们怎么知道外星人存在？"

"恒星会死吗？"

"为什么人们会在没有证据时就相信奇怪的事？"

他不会因为"别人这么说"就相信。卡尔相信证据。他想要每个答案背后的真正理由。

这就叫批判性思维：一种超级能力——先停一下，想一想查一查事实，然后再决定你信不信。

卡尔长大后，问题越问越大。他成了研究宇宙的科学家，参与把探测器送去探索行星。更酷的是，他还在"旅行者号"飞船上放了一张金唱片，里面装着来自地球的信息——万一有外星人捡到，就能听到"地球在这里！"

但卡尔不只研究太空。他还用让人听得懂、听得入迷的方式把宇宙讲给全世界听，让人忍不住喊："哇！""原来是这样！"，"我从没这么想过！"

他的电视节目《宇宙》带着上百万观众穿越星系、黑洞、原子——全程靠的是认真、清晰的思考。

"胡扯探测器"

卡尔认为：我们绝不能不查证据就相信"听起来很厉害"的点子。他还列了一套工具清单，叫**"胡扯探测器工具包"**。它不是一台真的机器（抱歉，没有嗡嗡声、也不会亮灯），但它能帮你识破烂论证和花招。

- **要证据**：别因为听起来酷就信。问一句："证据在哪儿？"
- **可重复验证**：如果是真的，应该一次又一次都能得到同样结果。"别人做一遍，也会一样吗？"
- **查来源**：是谁说的？靠谱吗？还是只是瞎猜？
- **用逻辑思考**：小心推理。两件事同时发生，不代表一件导致另一件。（比如夏天冰淇淋卖得多、晒伤也变多，但冰淇淋并不会导致晒伤！）
- **两边都听**：支持和反对的人怎么说？他们各自的理由是什么？
- **躲开花招**：警惕煽情词、炫酷转移注意力、或者"大家都知道！"这种说法——那不是证据。

- **小心"魔法式思维"**：神秘不等于魔法。也许只是我们还没弄懂而已。

卡尔·萨根提醒我们：宇宙巨大、美丽，而且是可以被理解的——但前提是我们要会提好问题，并努力寻找真正的答案。

他曾说过：

"非同寻常的主张，需要非同寻常的证据。"

这句话用更直白的方式说就是：大点子得配大证据！

他也告诉我们：好奇很酷，清晰地思考更酷。科学不只是望远镜和火箭，更是不断问"为什么？"

只要你有一颗好奇的心、一把锋利的脑子，你就能伸手去够星星……也许，真的能摸到一点点。

伽利略·伽利莱：仰望天空、敞开心灵的观察者

很久很久以前，在披萨、意面和超级点子满天飞的国度（意大利！），1564年，一个叫伽利略·伽利莱的男孩出生了。他从一开始就特别好奇，总爱动手试一试、摸一摸、测一测，还会问出一连串的问题，比如：

为什么东西会往下掉?
天空里到底有什么?
如果……大家都错了呢?

插图24：伽利略·伽利莱使用望远镜

伽利略不怕奇怪的答案。他很自豪地说：

"让我们用开放的心态，再看一遍！"

有一天,伽利略听说荷兰出现了一种新玩意儿:一种"望远镜"(当时叫"窥镜"),能把远处的东西看得更近。他可没有只说一句"哇,好酷的玩具"。才不呢!他自己动手做了一架望远镜,举起来对准天空,然后发现了一堆让人脑袋"砰"一下打开的事情。

他看见了:

- 月亮上有山(等等……月亮不是光滑的?)
- 木星周围也有月亮在转(哇!原来不是所有东西都绕着地球转!)
- 金星也有"月相"(像月亮那样,但又不太一样,嗯……)

这些发现和当时流行的老想法——"地球是宇宙的中"——完全对不上。可伽利略没有慌张,也没有假装没看到。他说:

"也许我们需要一个新想法。也许地球是在绕着太阳转!"

这需要勇气,也需要一颗真的很开放的心。

很多人听了很生气:"地球不可能会动!"他们大喊。可伽利略并不是在顶嘴,他是在好奇。他不是为了争赢才辩论,他是想弄明白事情到底是怎么运作的。

就算有权势的人叫他停下,伽利略还是对着星星轻轻低语:

"我在听……"

他相信:科学的意思,就是当你发现了新的证据,就要愿意改变想法。这不是软弱,这是智慧。

正因为伽利略愿意对望远镜里看到的一切保持开放,他帮助人们开启了一种全新的科学做法:观察、思考、提问——而且不害怕。

他曾说过:

"所有真理一旦被发现,就很容易理解。关键在于

发现它们。" 而"发现"，就意味着你得准备好迎接惊喜！

开放的心态就是勇敢。它意味着放下"我早就知道了"，给"也许是真的"留出空间。

所以下一次，当你听到一个奇怪的说法，或看到一个新发现时，别急着说："不可能！"学学伽利略吧。抬起眼睛，打开脑袋……让宇宙教你一件超厉害的事。

格雷戈尔·孟德尔：耐心的豌豆挑选家

很久以前，在今天捷克共和国的一处安静角落里，住着一个叫格雷戈尔·孟德尔的人。他不穿白大褂，也不坐火箭冲进太空。才不是呢。他穿着修道士的长袍，在花园里干活。可千万别小看他——格雷戈尔·孟德尔是历史上最重要的科学家之一。你知道他的超能力是什么吗？

耐心。

插图25: 格雷戈尔·孟德尔和他的豌豆

孟德尔没有发明火箭或激光。他种豌豆。绿豌豆、皱皱的豌豆、圆圆的豌豆、黄豌豆……一粒又一粒、一株又一株！别人可能早就觉得无聊了，可孟德尔依然很淡定。他观察。他等待。他计数。然后——再种一轮。

他这样做整整八年。八年啊！几乎就是你人生到目前为止的长度！

他很好奇：为什么有些豌豆是圆的，有些是皱的？为什么有些是黄的，有些是绿的？于是，他非常仔细地给豌豆"交叉授粉",然后追踪下一代会发生什么。他做表格、写笔记、再做表格……他简直就是一个人开的"豌豆侦探事务所"!

那他到底发现了什么?遗传的规律!这听起来很高深,其实就是:特征会怎样从父母传给孩子——或者从豌豆植株传给"小豌豆植株"。孟德尔发现了别人从来没注意到的模式。他的研究,迈出了我们今天所说的"遗传学"的第一步。

可你猜怎么着?他发表成果的时候,竟然几乎没人在意。没有一声"耶!"没有人说"哇,孟德尔你太厉害了!"他的发现安安静静躺在那里,沉默了三十多年。

但孟德尔会不会生闷气?会不会气到去踩扁他的豌豆?不会。

他只是继续保持善良、好奇、耐心。

后来,世界终于追上了他。科学家们发现:孟德尔早就找到了一件超级重大的事。今天,每一本科学书都会提到孟德尔和他神奇的豌豆。

所以下次当你卡在一道难题上,或者排队等得有点抓狂时就想想格雷戈尔吧——那位耐心的豌豆挑选家。那个把一座花园种成"秘密宝库"的修道士。也是那个证明了:有时候,最棒的发现,真的需要慢慢长出来。

罗莎琳德·富兰克林:解谜搭档

在明亮又热闹的伦敦,有个叫罗莎琳德·富兰克林的女孩出生了——她超级喜欢解谜。不是那种拼图(当然她可能也喜欢),而是由原子、影子和光组成的"硬核谜题"。

罗莎琳德不爱大喊大叫,也不靠跺脚吸引注意。她让自己的成果说话。她学习物理和化学——这两门可是世界上出了名的"难搞科目"。后来,她发现了一件很像魔法的事:用一种特别的"相机"——X射线晶体学,居然能给看不见的东西,比如分子，拍照！罗莎琳德就用这个本领，帮助解开科学史上最厉害的谜团之一：DNA到底长什么样？

DNA就像每个生命体的"秘密食谱"。大家都想知道它的形状。罗莎琳德在伦敦国王学院（King's College）和一个团队一起工作。她小心翼翼地把X射线对准细细的DNA纤维，然后拍到了一张清晰到不可思议的照片——后

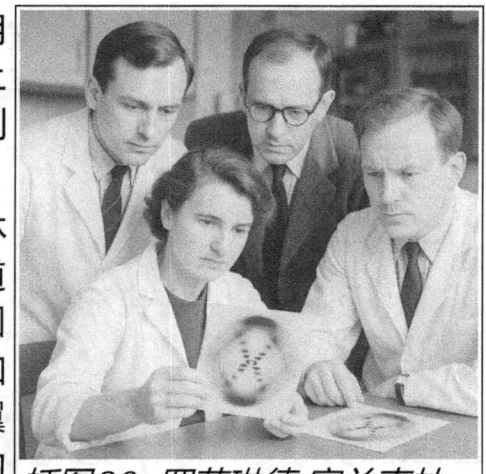

插图26：罗莎琳德·富兰克林和她的团队

来被称为"照片51号"。这张照片成了关键线索，帮助人们弄清楚DNA那种扭来扭去的形状：双螺旋！

但剧情来了个转折：团队并不总是合作得很顺。有些科学家，比如詹姆斯·沃森和弗朗西斯·克里克，在没有先征求她同意的情况下就使用了罗莎琳德的照片。他们因为搭建了DNA模型而出了名，可罗莎琳德严谨细致的工作，正是这项发现能发生的重要原因之一。即便如此，她仍继续努力：和别的科学家合作、分享想法、倾听别人、一起把小线索拼成大答案。

后来她研究起病毒，和另一位科学家亚伦·克鲁格（Aaron Klug）组队。他们一起弄清病毒是怎么"建造"的——就像侦探在画一座看不见的城堡的蓝图。罗莎琳德带领团队时，温和又清晰，认真又可靠。她不相信靠炫耀赢掌声，她相信靠合作赢真相。

罗莎琳德·富兰克林也许没能亲眼看到自己的名字会变得多么响亮，但今天，全世界的科学家都尊敬她：她是科学解谜中的耀眼搭档，是那个用行动证明——有些谜题，**只有一起努力**，才解得开的人。

理查德·费曼：伟大的讲解大师

如果科学是一场马戏表演，理查德·费曼一定是那个最会带气氛的"马戏团团长"——翻着点子、抖着笑料、还像从高礼帽里一样把宇宙的秘密变出来！

理查德·费曼于1918年出生在纽约。从一开始，他就像一颗"好奇心爆米花"，噼里啪啦停不下来。小时候，他会把收音机拆开，只为了

插图27: *理查德·费曼在讲解*

看看它到底怎么工作（幸运的是，大多数时候他也能把它们装回去！）。他超爱搞明白事情，更爱把自己发现的东西讲给别人听。

长大后，理查德成了一位世界闻名的物理学家。他帮助人们解锁了原子的力量，还去探索科学里最奇妙、最"脑洞大开"的角落：量子力学！那是一个超级微小的粒子和波的世界——在那里，东西可能同时出现在两个地方，或者用你看不见的方式旋转。听起来很绕？如果是费曼来讲，就不会！

他有一种"魔法讲解力"，能把超级复杂的点子讲得又清楚又好玩。他会用搞笑故事、疯狂涂鸦，甚至用邦戈鼓（没错，真的！）来帮大家理解。他曾说过：

> *"如果你不能把一件事简单地解释清楚，那你其实并没有真正理解它。"*

所以他特别努力让科学变简单——不是那种无聊的"简单"，而是有趣的"简单"！

在他著名的《费曼物理学讲义》中，他把大学物理变成了一场刺激的冒险。他的书，比如《你一定在开玩笑，费曼先

生！》，让人一边大笑一边学习。还有一次航天飞机发生爆炸，他也参与找出原因，并且把问题讲得清清楚楚，让每个人都能听懂。

理查德·费曼不只是科学家。他还是老师、沟通高手、科学故事的讲述者。他相信世界充满惊奇，而惊奇就该被分享出去。

所以，下次当你弄明白一件事时，别只把它藏在心里——讲出来！用你的手势、你的语言，如果需要，连鼓都可以上。像费曼一样：把点子变成会噼啪绽放的文字烟花，让它们照亮周围每个人的脑海。

迈克尔·法拉第：真理的火花

迈克尔·法拉第不穿实验室白大褂。他甚至没上过什么"高大上"的学校。但他有的东西更厉害：一颗装满好奇心的心，和一颗从不说谎的脑袋。

法拉第于 1791 年出生在伦敦，是一位铁匠的儿子。他还是个小男孩时就不得不离开学校去赚钱帮家里。但这并没有拦住他。他读遍了能找到的书，尤其是科学书。白天他当

插图28: 迈克尔·法拉第与电

装订工，晚上他当"书虫"，而他永远都是个爱做梦的人。

后来有一天，年轻的法拉第有机会去听一位著名化学家汉弗里·戴维（Humphry Davy）的科学讲座。他记了满满几页、又几页的笔记，然后把笔记和一封信一起寄给戴维，大概意思就是："嗨！我超爱科学！我能给你工作吗？"

猜猜结果？戴维答应了！

法拉第成了实验室助手。没过多久，他不只是帮忙做实验——他开始带头做实验了！他发现电和磁是相互关联的，这推动了电动机的诞生。他还弄明白了怎样把化学能转成电能。他的研究改变了世界。

但最让他真正了不起的地方在这里：他从不编造。

法拉第相信，科学就是去寻找真相——哪怕真相不是你想要的。如果实验失败了，他不会假装成功；如果他不知道答案，他也不会硬装懂。他曾说过：

"只要与自然规律一致，再奇妙的事也不算不可能。"

这句话的意思是：自然不会说谎，科学家也不该说谎。

他做了非常详细的记录，报告真实发生的结果，并且很大方地分享自己的发现。他还会给像你这样的孩子做讲座——讲台上有火花、有旋转的线圈、有发光的灯，但最重要的是：讲座里充满诚实。

迈克尔·法拉第让全世界明白：你不需要很有钱，不需要戴粉扑扑的假发，也不需要满嘴长难句，才能成为伟大的科学家。你只需要好奇心、勇气，以及追随真理到底的诚实——无论真理把你带到哪里。

约翰内斯·开普勒：行星谜题破解者

很久很久以前，在一个城堡林立、彗星偶尔划破夜空的国度里，住着一个男孩，名叫约翰内斯·开普勒。他特别爱仰望星空。星星在他头顶一闪一闪，像天空里跳动的迷你谜题。可开普勒不只是"哇，好美！"——他更想知道：它们在做什么？为什么会那样移动？

这就需要"**自律**"登场了。

开普勒可不是那种随便猜一猜就转身走人的科学家。才不是呢！他是那种卷起袖子、坐在桌前一坐好多年、用手一点点算数学的人！成千上万的数字，一天又一天。朋友们大概会觉得他"脑子里全是星星"，连汤里都能捞出一颗来！

他心里有个大问题："行星是不是沿着完美的圆形在运动？"当时几乎所有人都觉得是，可开普勒不满足于"大家都这么想"。他要证据。

于是，他拿到了另一位观星高手第谷·布拉赫（Tycho Brahe）留下的行星观测记录。

插图29：约翰内斯·开普勒绘制太阳系

这些记录超级庞大，像一只装满测量数据的宝箱。开普勒像侦探一样追着这些数字跑，像一桩永远破不完的案子。他反复核对、画图、推算，甚至也会算错——但他从不放弃。

经过多年的努力（还很可能打翻过几次墨水瓶），开普勒终于发现了一个惊人的秘密：行星并不是绕着完美的圆转，它们走的是一种被拉长的形状，叫"椭圆"！听起来好像只改了一点点，但其实是超级巨大的改变。这个发现帮助科学家理解引力、制造火箭，甚至把宇航员送上了月球！

约翰内斯·开普勒告诉我们：破解大谜题不只靠聪明，还得靠**自律**。自律就是那种稳稳的、持续的努力——就算很难，也不停下。

所以，下次你看到一颗星星时，记得：曾经有人像开普勒那样，用好多年去理解它。也许只要你愿意耐心又精准，你也能解开一个谜团。

尼古拉·特斯拉：在火花里做梦的人

1856 年的一个雷雨之夜，在一个如今属于克罗地亚的小村庄里，一个婴儿出生了。闪电划破天空，雷声轰隆作响，接生婆倒吸一口气说："这孩子会是光之子！"那个宝宝就是尼古拉·特斯拉——而且，哇，她说得也太准了。

从一开始，尼古拉看世界的方式就和别人不一样。别的孩子玩玩具，他却会把玩具做出来。别人看着鸟儿飞，他在想自己怎么才能飞。他的脑海里总是旋转着画面、图案和谜题。他甚至不需要纸来画图——他能在想象中把发明"画"得清清楚楚，连最小的一颗螺丝都不放过。

插图30: 尼古拉·特斯拉在思考

有一天，他在脑子里想出一个能永远转下去的水轮。另一天，他又"看见"一个不需要火花也能一直转的电动机。对他来说，闭上眼睛不只是做梦——更像是在设计。

尼古拉长大后，为了追逐自己的想法，离开家乡走得很远。他曾为一位著名发明家托马斯·爱迪生工作，但他们对电的看法完全不同。爱迪生相信直流电，电像河水一样朝一个方向流。可特斯拉梦想的是交流电，电像闪电一样来回跳舞，迅捷又自由。

有些人觉得特斯拉太有想象力，太奇怪，太爱做梦。可你猜怎么着？他的想法真的行得通！他造出了用交流电驱动的电动机，点亮了整座整座城市。直到今天，你家里的大多数电力，流动的方式仍然和特斯拉当年想的一样——沿着电线"之"字形奔跑，把光带到世界各处。

而且特斯拉的梦可不小！他想把免费的电像收音机音乐一样，通过天空"广播"给全世界。他甚至建了一座高塔，想把无线电力送过海洋。那座塔最终没成功（部分原因是他没钱了），但他很多疯狂的点子——比如无线通信、X射线、雷达，甚至遥控器——都在很多年后变成了现实。

尼古拉·特斯拉从没停止想象。他不是为了钱，也不是为了奖杯。他这么做，是因为他相信：科学、好奇心和惊奇感，能点亮一个更好的世界。

他曾说过：

> "让未来说出真相……现在属于他们；而未来——我真正为之努力的未来——属于我。"

所以，下次当你发呆走神、在作业本上涂鸦一个机器人、或者突然好奇星星是由什么做成的——别停下，继续想下去！世界需要梦想家。就像尼古拉·特斯拉一样。

吴健雄：永不放弃的科学家

在中国的一个小村庄里，出生了一个小女孩——她后来会让科学世界永远不一样。她的名字叫吴健雄。那是1912年，当时很多人并不指望女孩能在学业上走多远，但吴健雄的父母不一样。她的父亲专门办了一所女子学校，你猜第一批学生里有谁？没错！就是小小的吴健雄——眼里闪着好奇的光，脑子里挤满了"为什么？"

插图31：吴健雄进行实验

像天才一样思考！

她像小松鼠囤坚果一样囤书，然后又像小怪兽一样把书"咔嚓咔嚓"读光。她爱解谜，爱思考那些看不见的东西：原子、粒子……它们到底怎么运动？怎么旋转？等她长成青年，她已经准备好一场大冒险：离开家人，乘船越过大海，去美国学习物理。

可到了那里，事情并没有她想的那么顺利。

尽管吴健雄聪明极了，也比身边很多人更努力，她却常常被忽视。有时候，她的发现得不到应有的认可；有时候，明明是她做出来的成果，却被别人夸走了；还有时候，只因为她是女性，就有人对她说"先等等""以后再试试"。换作谁，可能都会想放弃。

但吴健雄没有放弃。

她用科学"弹"了回来！

她用点子"弹"了回来！

她用聪明到让别的科学家倒吸一口气的实验"弹"了回来！

她最著名的实验之一，和一种叫"β 衰变"的现象有关。β 衰变就是某些粒子会从原子里"嗖"地射出来。科学家曾经相信：如果把粒子像照镜子一样翻转一下，它的行为应该还是一样的——这个想法叫"宇称"（parity）。可吴健雄心想："万一宇宙没那么'公平'呢？"于是她设计了一个超级精密、超级低温的实验来测试。

结果呢？她说对了。宇宙真的会"打破自己定的规矩"！她的发现证明：自然有时候并不一视同仁——整个物理学界都被震得翻了个跟头。

这是物理学史上最重大的发现之一。提出理论的两位男科学家后来拿到了诺贝尔奖，但真正用双手和心把它验证出来的吴健雄，却没有得到那个奖。

可她还是继续前进。她没有吵闹，也没有跺脚。她去教书。她去研究。她继续发光。

慢慢地，世界开始注意到她。她成为美国物理学会的首位女性主席，拿到几十项大奖，学校和街道以她命名。人们开始称她为"物理学第一夫人"和"核研究女王"。

但比起这些头衔更重要的是：吴健雄让我们看见了什么叫真正的**韧性**。她告诉我们，当生活把你按倒在地，你也能用善良、勇气和停不下来的好奇心，把自己撑起来。

所以，如果你哪天也觉得快坚持不下去了，就想想吴健雄吧。她不只是创造了历史——她还把"反弹式的闪耀"活成了像魔法一样的事。

蕾切尔·卡森：为地球发声的科学家

从前，在海潮来来去去、浪花砰砰拍岸的海边，住着一个叫蕾切尔·卡森的女孩。她于1907年出生在宾夕法尼亚州的一个小镇。小时候，她最喜欢钻进树林探险，听鸟儿唱歌，想着很远很远的大海。别的孩子忙着玩玩具时，蕾切尔却忙着读书——读动物、星星和科学。她甚至在只有十岁的时候，就写下了自己的第一篇故事！

插图32：蕾切尔·卡森阅读《寂静的春天》

长大后，她对自然的爱不但没变小，反而越来越强。她成了科学家，但不是那种整天守着实验室里咕嘟咕嘟冒泡烧杯的科学家。蕾切尔是"写作型科学家"。她特别会用美丽又清晰的语言讲科学，让人一听就懂、还会被迷住。她写的书让很多人爱上大自然，尤其是那片神秘的深蓝海洋。

可后来，蕾切尔发现了一件让人不安的事。农民为了杀虫子，开始使用一种很强的化学药剂，叫"杀虫剂"。其中一种叫

DDT。刚开始，这看起来很有用：庄稼不怕虫子了！但是蕾切尔注意到，鸟儿在变少，鱼在死去，甚至人类也可能因此生病。

她意识到，这些化学物质并不会乖乖待在喷洒的地方。它们会跟着水、风和食物扩散。蕾切尔心里涌起一种很深的感觉：责任感。

*"总得有人说出真相，"*她想，*"总得有人保护地球。"*

于是她开始行动。

她查遍每一条事实，核对每一个数字，确保书里的每一句话都真实、公平。然后，她写出了《寂静的春天》——一本改变世界的书。它提醒人们：如果我们不小心，春天可能会来到，却听不见鸟鸣。想象一下：知更鸟都不唱歌的世界，会有多可怕！

有些人不愿意听。大公司还想阻止她。但蕾切尔站得很稳像暴风雨里的灯塔。她不大喊，也不责怪谁，只是冷静地把真相讲清楚。

因为"负责任"不是比谁嗓门大。它是认真，是谨慎，是勇敢，是即使很难也要做对的事。

多亏了蕾切尔·卡森，人们开始重视起来。保护自然的法律出现了，杀虫剂的测试变得更严格了，数以百万计的人也明白了：地球需要守护者。

蕾切尔·卡森不只是爱自然——她还照顾自然。她让全世界看到：科学应该永远带着一颗有温度的心。她还教会我们一件事：哪怕只是一个安静的声音，只要说的是带着真相与责任的话，也能在世界里回响很久很久。

亚历山大·弗莱明：发霉的"惊喜英雄"

在苏格兰，一个叫亚历山大·弗莱明的宝宝出生在农场里。他的摇篮里可没有显微镜，婴儿照里也没穿小号实验室白大褂。但他从小就很好奇——特别是对大自然里"事情到底怎么运作"这件事。他喜欢观察虫子、种植物，还会把"为什么？"问到大人都快没答案了！

插图33: 亚历山大·弗莱明被霉菌吓了一跳

长大后，亚历山大去了伦敦，成了一名医生。但他不只是给病人看病的医生，他还是一名科学家。他在实验室里研究细菌——那种小到必须用显微镜才能看见的小家伙。有些细菌对人有帮助，但有些会把人搞得很惨。更糟的是，在那个年代，如果你得了严重感染，医生能做的事并不多。

弗莱明想改变这一切。

好了，故事从这里开始变得又刺激又有点"乱糟糟"。

1928年的一个温暖日子里，弗莱明离开实验室去度了个短假。他没把所有培养皿都清理干净（培养皿就是科学家用来培养细菌的那种扁平小容器）。等他回来时，发现一件怪事：其中一个培养皿发霉了。正中间长出了一团毛茸茸的小"绒球"！

大多数人可能会说："呕，好恶心！"然后直接扔掉。

但亚历山大·弗莱明不会这样。

他弯下身子，凑近培养皿，透过眼镜眯着眼一看——发现了超级神奇的事：霉菌周围的细菌居然都不见了！霉菌正在杀死它们！

"这霉菌也太厉害了吧？"他心想。

弗莱明没有喊："完了！我的实验毁了！"相反，他说："这里发生了新东西。我得弄清楚！"

这就叫**灵活性**：能改变计划，跟着意外走，顺便学到全新的东西。

他研究那团霉菌，发现它会产生一种特殊物质，可以对抗细菌。他把这种物质命名为青霉素。它成为第一种抗生素。抗生素是一类用来对抗感染的药物。

一开始，人们还没意识到这个发现有多巨大。但几年后，在第二次世界大战期间，其他科学家想出了如何大量生产青霉素——它挽救了数以百万计的生命。

多亏了弗莱明"灵活转弯"的思维，一场发霉的小意外，变成了医学史上最伟大的发现之一。

那我们能从亚历山大·弗莱明身上学到什么呢？

- 不要害怕犯错。
- 认真观察那些出乎意料的事。
- 愿意改变自己的想法。
- 永远保持好奇心。

当科学家足够灵活时，最大的发现，可能就藏在最乱的一刻里。

查尔斯·达尔文：不怕说"我还不知道"的探险家

在真实的科学世界里，1809 年，英国什鲁斯伯里出生了一个宝宝，名叫查尔斯·达尔文。他没有超能力，也没有魔法棒。但他有一样同样强大的东西：好奇心。

小时候的查尔斯是个"收藏控"。羽毛、虫子、甲虫、骨头——凡是会扭动的、会发亮的、看起来神秘的东西，最后都可能跑进他的口袋里。（他妈妈大概一点也不期待洗衣服那天！）查尔斯不一定爱做作业，也不是那种举手就能回答所有问题的孩子。但他超级爱提问——而且不是普通问题，是那种"大问题"。

- 为什么动物有这么多种？
- 它们都从哪里来？
- 它们为什么会改变？

等查尔斯长大，他遇到了此生最棒的机会：登上一艘叫"英国皇家海军小猎犬号"的船，参加一次环球科学航行。

插图34: 查尔斯·达尔文与雀鸟

他不是船长，甚至一开始也不是船上的"科学家"（至少不算正式的）。他主要负责观察自然——而他观察得特别出色。

从南美洲的海岸到遥远的加拉帕戈斯群岛，查尔斯看见了各种形状、各种大小的生物。然后他注意到一件怪事：不同岛上的雀鸟看起来不一样。有的嘴巴又长又尖，适合抓虫；有的嘴巴又粗又结实，适合咬开种子。"这些鸟会不会其实是'亲戚'？"他想，"它们是不是随着时间改变了自己，好适应各自的家？"

这个问题变成了一个大谜团，查尔斯研究了好多年。回到英国后，他没有急着冲刺。他没有大喊"我发现了！"然后第二天就出书。没有。查尔斯很有耐心。他养鸽子，研究化石，读书，画草图，散长长的步，深深地思考。有时候，他还会说出科学家最勇敢的一句话：**"我现在还不确定。"**

你看，达尔文相信，做一个好科学家是要听自然在说什么而不只是一直对自然"发表意见"。他不装作自己什么都懂。事实上，他等了二十年，才出版他最著名的书《物种起源》。而且即使在那本书里，他也承认："还有很多事情我们仍然不理解。"他诚实、谨慎、谦逊。

这正是他伟大的原因。因为科学不是比谁最聪明、最会抢答。科学更像是：你要足够勇敢去想——"要是我错了呢？"也要足够聪明去听——当世界轻声告诉你一个新答案时，你愿意停下来听。

所以下次当你有一个大问题，或者对某件事感到不确定时就想起查尔斯·达尔文吧：那个口袋里装着甲虫的小男孩，那个笔记本里画满鸟儿的探险家，那个用一句**"我还不知道……但以后也许会知道"**改变世界的科学家。

第谷·布拉赫：超级无敌的星空测量大师

在寒冷的丹麦王国里，一个宝宝在闪闪发光的星空下出生。这个宝宝长大后成了第谷·布拉赫——一个后来把天空测得比任何人都精确的人。

第谷可不是普通的观星者。他不会只看着星星说："哇，那颗真漂亮。"才不呢！他想知道那颗星星**到底**在哪里：有多高？有多亮？离旁边那颗闪闪的星星差多少？他很好奇——但更重要的是，**他超级精准。**

插图35: 第谷·布拉赫在测量星星

第谷出生于 1546 年，那时候离望远镜出现还早得很。但这并没有拦住他！他自己造工具：巨大无比的金属仪器，看起来像"圆规 + 尺子 + 巨型秋千架"的混合体。他甚至建了一整座"天文台岛"，叫乌拉尼堡（Uraniborg），意思是"天空之堡"。没错！他真的有一座专门用来研究星星的岛！

每天晚上，第谷都会裹上温暖的羊毛长袍，走到夜空下开始记录。他不赶时间，也不马虎。月亮只要挪动了一丁点，他都能发现；某颗行星要是往左"抖"了一根头发丝那么点距离，第谷也知道。他把一切都写进整整齐齐的笔记里，反复核对，反复测量——量两遍不够？那就三遍！他的记录是当时世界上最准确的，而且一记就是几十年。

1572 年，他还发现了一件惊人的事：天空中出现了一颗新的亮星！今天我们知道那其实是一颗超新星（爆炸的恒星），可在当时，很多人以为"天上的东西永远不会变"。第谷用他严谨的测量证明：天空真的会改变。

当然，第谷也不总是一本正经。他很会"戏剧化"！他穿华丽的衣服，养过一只被驯服的驼鹿当宠物，还因为一次"为数学题决斗"失去了自己的鼻子，后来戴上了金属鼻子。（千万别在家模仿！）

但在驼鹿和金属鼻子这些"奇妙外壳"底下，第谷是一位相信"真相藏在细节里"的科学家。他的精确，为他的助手开普勒铺好了路，让开普勒最终发现：行星的轨道不是完美圆形，而是椭圆——像被拉长的圆。没有第谷那些认真到极致的星空地图，我们今天可能还在瞎猜。

所以，下次你抬头看星星，心里想着"外面到底有什么？"时，记得第谷·布拉赫——那个仰望天空然后说：

"来，量一量！"

然后……他真的把它量得明明白白、**精确到可怕！**

德米特里·门捷列夫：混乱化学世界里的"秩序大师"

德米特里·门捷列夫于 1834 年出生在俄罗斯西伯利亚一个寒冷的小镇。他是一个超级大家庭里最小的孩子。据说他可能有多达 17 个兄弟姐妹！家里鞋子、书本、碗盘多到像小山一样——难怪德米特里从小就学会了"必须得有条理"，不然根本活不下去！

德米特里小时候特别爱学习，尤其爱科学。但生活并不总是顺利。他的父亲后来失明，又去世了，于是他的母亲拼命工作，只为让德米特里能继续上学。她甚至带着他跨越漫长的俄罗斯旅程，只为了把他送进她能找到的最好的学校。

德米特里学习化学时，很快就发现了一件怪事：化学元素的世界简直像一团乱麻。科学家已经发现了60多种元素，可没人知道它们之间到底有什么关系。没有系统，只有一堆名字和数字乱七八糟地混在一起——就像一个塞满乐高积木、怎么翻都翻不出你要那块的抽屉。

插图36: 德米特里·门捷列夫与元素周期表

但德米特里有一种特殊能力：整理与归纳。别人看到的是一堆混乱，他看到的却是隐藏的规律。于是他开工了。

他把所有已知元素都写在卡片上：一个元素一张卡。每张卡上写着元素的名字、重量（当时的测量方式）、以及各种性质。然后他把这些卡片铺满一张大桌子，像在玩一场超巨型的"翻牌配对游戏"——只不过牌面上不是小动物，而是元素！

他先按原子量从轻到重排列，但这还不够。因为有些元素的表现很像，德米特里就想："嗯……也许它们应该放在一起！"

于是他不停地洗牌、分类、盯着看、写写画画。他大概还喝了很多很多杯茶。

终于，规律出现了：某些元素的性质会按一定的节奏重复出现，像一首歌的鼓点一遍又一遍回到同一个拍子。德米特里发现了周期律——元素的秘密节奏！

带着一个大大的笑（也可能带着一个大大的哈欠），德米特里做出了元素周期表。每个元素都有了"家"。更厉害的是：他还故意留出了一些空格，因为他确信——虽然当时没人发现，但那些元素一定存在。

有人觉得他有点"想太多"："你的表里怎么能留洞呢！"他们说。德米特里只是笑笑回答："等着瞧。"

多年之后，科学家真的发现了门捷列夫预测的那些元素：镓、钪、锗——而且它们完美地塞进了他留出的空位里，就像拼图一样，仿佛他在拼图还没做出来之前就已经看见了那块拼片！

他认真记录、整齐的表格、还有那种"把东西摆到该在的位置上"的执着，帮助科学家理解了万物的"积木块"——从空气、水，到花生酱，再到行星，都是由这些基本材料搭出来的。

多亏了德米特里，化学不再像一团乱麻，而开始变得有条有理、能讲得通了。

德米特里·门捷列夫趣味小资料：

- ◆ 他曾经把行李收拾得超级有条理，据说只用一个箱子就能旅行好几个星期！
- ◆ 他留着又长又狂野的大胡子，但他的笔记本却总是干干净净、整整齐齐。
- ◆ 他还参与设计过俄罗斯新的度量衡体系——因为"整理"不只是他的爱好，简直是他的超能力。

故事的寓意？如果你的书包收得整整齐齐、袜子抽屉分门别类、卡牌按顺序排得刚刚好——恭喜你，你正在像门捷列夫一样思考。谁能想到，**"会整理"**居然真的能改变世界呢？

索菲·热尔曼：一次又一次追问"为什么？"的女子

在巴黎的心脏地带，在一个革命与巨变翻涌的年代里，一个叫索菲·热尔曼的女孩发现了一样比烟花和旗帜更强大的东西：一本讲"数字"的书。那时她才十三岁。当她读到阿基米德——那位古希腊学者，专心到连敌军入侵都没察觉——索菲一下子就被"抓住"了。

"如果数学能让人忘掉周围的一切，"索菲想，"那我一定要弄明白：它为什么这么奇妙。"

插图37: 索菲·热尔曼在问"为什么？"

可问题来了。那是 18 世纪末，在那个年代，很多人都说女孩子不该学数学。女孩子应该织毛衣、烤点心、写诗——而不是去思考宇宙的秘密。可索菲呢？索菲也写，只不过她写的是方程式。

夜深了，屋子安静下来，家里人以为她睡着了，索菲就会悄悄爬下床，点起蜡烛，钻进被窝里做数学题。她父母有一次抓到了她，把蜡烛全收走，希望她就此停下。可索菲没有停。她只是……又找来了更多蜡烛。

随着年龄增长，索菲想学得更多、更多。但巴黎那所很厉害的学校——巴黎综合理工学院——不允许女性入学。于是索菲想出了一个聪明的计划：她借用了一个前男学生的名字——勒布朗先生——然后用邮寄的方式把作业寄过去！

教授们被她的作业惊到了。后来有一天，她给著名数学家卡尔·弗里德里希·高斯写信。高斯被她的想法深深打动，回信称赞她的头脑和深刻的理解力。可他完全不知道索菲是女性，直到战争时期,有位好心人告诉了他真相。高斯又惊讶又开心,说能与她的天赋相比的男人都没几个。

但索菲做数学不是为了掌声。她做数学,是因为她心里装着问题。她研究数论,琢磨为什么有些数字像在一起跳舞,而有些数字却像独自站着不合群。然后,她又问出了一个全新的"为什么":

为什么敲一下金属板,它会震动出漂亮的花纹?

这种"金属的音乐"不只是有趣——它是个大谜团。科学家们为它挠头好多年。索菲为了这个问题研究了十多年。别人放弃了,她还在坚持。最后,她找到的答案重要到足以帮助建立"弹性理论"的科学基础。弹性研究的是东西如何弯曲、拉伸、震动。

她参加比赛来解决这个问题时,第一次并没有获奖。那会拦住她吗?当然不会!她修改、完善、再来一次。第二次,她赢了。

索菲·热尔曼从来没有停止追问"为什么"。父母叫她停,她没停;社会说"不行",她没停;题目太难,她也没停。她的好奇心带着她走得比所有人想象的都远。直到今天,全世界的数学家仍在研究她的成果,也敬佩她的勇气。

所以,如果你也会好奇:为什么天空是蓝的?为什么数字这么"古怪"?为什么吉他弦会那样嗡嗡作响?那就记住——你正在走在索菲·热尔曼的脚印上:那个一次又一次问"**为什么?**"并用问题改变世界的女子。

保罗·埃尔德什:爱数字胜过睡觉的人

大多数人上学背书包。保罗·埃尔德什上路时,背的是一颗装满数学的脑袋——其他东西倒不怎么带。他 1913 年出生在匈牙利,才四岁就能做出让大人都头疼的数学题。你要是告诉他你的生日,他能飞快算出你"已经活了多少秒"!有这种数学发动机般的大脑,谁还需要计算器啊?

但埃尔德什可没停在这里。随着长大,他对数字越来越着迷,尤其是质数(只能被1和它自己整除的数,比如2、3、5、7)。在他眼里,质数就像数字海洋里一座座孤零零的小岛,而他特别想揭开这些"小岛"的秘密。

好玩的部分来了:保罗·埃尔德什并没有像大多数人那样

插图38: 保罗·埃尔德什出现在某家门口

安定下来。他不买房、不买车;不结婚、不养孩子。相反,他成了一位"数学游牧民"!他拎着一个小行李箱满世界跑,拜访各地的数学家,敲开别人的门就说:"我的大脑开着呢。"

这句"埃尔德什暗号"的意思就是:"来一起做数学吧!"

他就像数学界的超级英雄,嗖地出现,专门帮人解决最难最刁钻的谜题。他写了1500多篇论文,数量几乎超过数学史上绝大多数人;还和500多位合作者一起工作!如果你曾经和埃尔德什合写过论文,你就会得到一个特别的"称号"——埃尔德什数。直接和他合作过,你的数就是1;如果你和一个与他合作过的人合作,你的数就是2;再隔一层就是3……以此类推。埃尔德什数越小,就说明你离他的"数学魔法圈"越近!

他还发明了一套自己的搞笑语言。他把孩子叫做"ε(艾普西隆)",因为希腊字母ε在数学里常用来表示"非常非常小的东西"。

但埃尔德什从不轻言放弃。他相信天空里有一本完美的书叫《那本书》,里面写着最优雅、最漂亮的数学证明。每当他用巧妙的方法解出一道题，他就会想：这一定是从《那本书》里"抄"下来的灵感！

他不在乎钱。他把大部分钱捐给学生、数学竞赛，或需要帮助的朋友。他睡客房、睡沙发，永远像住在旅馆一样生活。他一辈子都"活在行李箱里"，一直旅行、思考、解题、分享，直到最后。

1996年埃尔德什去世时，他还在做数学题。

他的故事提醒我们：数学不只是数字，它也是快乐、友情好奇心和游戏。保罗·埃尔德什不只是做数学——他是用整颗心去爱数学。

所以下次当你解开一个棘手的谜题，或者盯着一个规律想"下一步会怎样"，又或者发现一个特别特别特别的数字时，就想象埃尔德什轻轻拍了拍你的肩，小声说：**"我的大脑开着呢。"**

莱昂哈德·欧拉：数学魔法师

让我们坐上时光机，回到几百年前的瑞士某个小镇。那里有个叫莱昂哈德·欧拉的男孩，正在做一件大多数孩子连想都不会想的事：他把数学当作娱乐在玩！

插图39：莱昂哈德·欧拉与他的公式

别的孩子玩弹珠、编游戏莱昂哈德却拿数字、图形和符号来"玩耍"。他最爱问的一句话就是："如果……会怎样？"

- 如果把一个图形的每个角都用线连起来，会发生什么？

- 如果数字能像箭一样在空间里飞来飞去，会怎样？
- 如果想在城里把每座桥只走一次、还不能回头，能做到吗？

他问的每个问题都是一道谜题——而欧拉就是"谜题大师"！

长大后，他对数学的热爱不但没有变淡，反而"砰！"地一下爆炸了！他解决了别人怎么也想不出来的难题，发明了全新的数学方法——直到今天，我们每天都还在用！

下面只是他"数学超能力"的一小部分：

- **数字 e**：它有点像数学的"秘密酱汁"。欧拉帮助人们理解它为什么这么重要，甚至还用他的名字来称呼它！
- **欧拉公式**：一座神奇的桥，把直线、曲线、角度，甚至圆形都连在一起。有些人说它是世界上最美的方程。
- **图论**：他提出一个问题：怎样走过一座城市的七座桥，而且不重复走同一座桥？这个点子开启了数学的新分支，并把人们带进了拓扑学等更广阔的领域！
- **π（圆周率）**：没错！他还想出了聪明的新方法，把 π 计算到很多很多位。

欧拉大约 59 岁时，发生了一件让人难过的事：他完全失明了。可他就此停下数学吗？想都别想！

他直接在脑海里做数学。他能想象巨大的方程在空间里旋转，能"看见"图形在跳舞，能不写下来就解开棘手的谜题。他的数学功力强到不需要纸、不需要眼睛——它住在他的心里和脑子里。

欧拉的秘密不是魔法，而是练习、坚持和玩心。他享受动脑，喜欢用数字去理解世界。

所以，如果你：

- 喜欢解谜
- 爱问很大的"如果……会怎样？"
- 喜欢动手捣鼓、尝试、再尝试

那么，朋友，你正在像莱昂哈德·欧拉一样思考——一位真正的数学高手！

詹姆斯·克拉克·麦克斯韦：隐藏规律的高手

在苏格兰一片安静的地方，山丘像海浪一样起伏，羊群点点散在草地上，像撒了一地的棉花糖。就在这里，一个叫詹姆斯的小男孩长大了——他最喜欢做的事，就是提问。很深很深的问题。不是只有"天空为什么是蓝的？"这种问题，而是："光是由什么组成的？""看不见的东西也会有规则吗？"

插图40：詹姆斯·克拉克·麦克斯韦分解光

詹姆斯不吵闹，也不爱出风头。他温和、爱思考、又充满好奇——那种永远不会"关机"的好奇。如果你给他一道谜题，他会把它拧一拧、转一转、翻个面、倒过来，甚至为了弄懂它而自己再发明几道新谜题！

别的孩子在树林里奔跑时，詹姆斯会停下来观察：一束光怎样从窗玻璃上反弹？铁屑怎样围着磁铁跳舞？他不只想知道"发生了什么"，更想知道"它到底是怎么运作的"。

这就叫**技术精通**：当一个人把某件事练到极致，他就能看见最细小的细节，并用这些细节搭出强大的成果。而詹姆斯·克拉克·麦克斯韦，就是那种独一无二的高手。

詹姆斯学习数学，就像画家研究笔触一样认真。画家调颜色，麦克斯韦调的是数字和形状。他相信数学可以描述一切——甚至描述那些我们看不见的东西。而事实证明，他说对了。

他最伟大的成就之一，就是麦克斯韦方程组。听起来很高级，但它其实像一张地图，告诉我们：光、电和磁原来是连在一起的！以前从来没人把这件事讲得这么清楚。

就好像麦克斯韦把宇宙的帷幕轻轻一拉，然后说："看！这些旋转翻涌的力量，遵循着美丽的规则。而规则就在这里——写在四个小小的方程里。"

你喜欢打开手电筒吗？用平板看视频吗？听见闪电之后的雷声吗？这些都和电磁波有关——而麦克斯韦在 150 多年前就已经把它们讲明白了。

甚至你每次按下电灯开关、发一条短信、或者连上 Wi-Fi，背后都有一点点麦克斯韦的天才在默默工作。

就连阿尔伯特·爱因斯坦——史上最聪明的科学家之一——也曾说过，他做的一切都是"站在"詹姆斯·克拉克·麦克斯韦的肩膀上。爱因斯坦把麦克斯韦的照片挂在墙上，不是因为麦克斯韦很有名，而是因为他用一种最安静的方式，聪明得惊人。

詹姆斯没有造火箭，也没有拿一堆奖章。他只是用极其细致、极其精准的态度研究宇宙，于是他揭开了别人从没看见过的秘密。

所以，如果你喜欢解谜、找规律、画出能让世界变得更"讲得通"的图，那么你就有点像詹姆斯·克拉克·麦克斯韦。因为有时候，成为大师不意味着做一千件事，而是拥有**技术精通**：把一件事做到极致，然后因此改变世界。

大卫·E·麦克亚当斯的其他书籍

数字入门

外星人数字书 - 一次别开生面的数数之旅！《外星人数字书》用来自想象边缘的缤纷外星人，带学龄前儿童认识 0–10。

芳的四季 – 跟着芳一起看世界——一季一个数字！每一页用温馨场景配对一个数字，让数数成为充满自然气息的快乐冒险。

龙的数字书 - 《龙的数字书》用逼真的龙形插图，把 0–10 的数字变成一次有趣又有收获的旅程。

精灵数字书 - 《精灵数字书》用生动的精灵插图演绎 0–10，让数数变得有趣又好学。

仙子数字书 - 《仙子数字书》带领读者踏上奇妙的数字之旅。每翻一页，一个新数字在魔法场景中活灵活现。

乡村风数字书 – 把基础数学和亲切有趣的乡村风幽默结合起来，让孩子在欢笑中学会数字。

卡车数字书 - 《卡车数字书》用逼真的卡车插图，带孩子愉快地走过 0–13 的数字旅程，学得轻松又有趣。

麒麟数字书 - 《麒麟数字书》是一次从 0 到 10 的数字之旅，由美丽的麒麟插画带来，充满乐趣和教育意义。

活动书

迷宫大全！ - 《迷宫大全！》收录 241 个手工设计的迷宫，带来娱乐、挑战与惊喜。难度从"入门小径"到"复杂迷宫"，一步步升级，直至"烧脑"。

色彩入门

鹦鹉的颜色 - 在《鹦鹉的颜色》里，孩子们将开始一段大自然色彩的奇妙旅程，快乐地学会颜色名字。

花的颜色 – 通过花的颜色，孩子们将踏上一段充满活力的旅程，欣赏大自然中最迷人的花朵，发现色彩最纯粹的美丽。每一页都将学习变成一次充满快乐与视觉魅力的体验。

人们的颜色 – 一本明亮又有趣的颜色启蒙书：一边学颜色，一边欣赏多彩的人们。

皇家色彩 - 《皇家色彩》以王子与公主为主题，用生动插图把颜色学习变成一次充满魔法的体验，专为学前儿童设计。

宇宙的颜色 - 《宇宙的颜色》透過美國航太總署拍攝的影像，展現宇宙中繽紛的色彩，讚頌大自然的絢麗色彩。

几何学

形狀 - 形狀是幼稚園到一年級對形狀的視覺介紹。它包括審查簡單形狀、引入新形狀和建立識別技能的技能培養。

我最喜歡的分形 – (卷 1，卷 2) 分形是具有複雜邊界的幾何圖形。這些邊框可以透過多種方式著色，以製作狂野而美妙的圖像。以下是我最喜歡的一些高解析度。

多面體的展開視圖 – 活動手冊 - 多面體的擴展視圖提供了許多小時的迷人樂趣！每個展開視圖代表多面體的表面。本書中的每個展開視圖都可以被剪切和折疊成三維幾何物件。

数学理论

数字 - 数字就在我们身边！它们告诉我们"有多少、多久、多远"，帮我们看懂世界。《数字》用简洁、有趣的方式教学，让学习变得轻松又好玩。

比任何东西都大的是什么？(无限) - "'大'，到底有多大？'更多'，究竟是多少？你能走到多远？打开这本书，准备好让你的想象力伸展得比以往任何时候都远……一直到——无限！"

秋千集合 (数学中的集合初识) - 《秋千集合：数学中的集合初识》利用孩子天然的分类能力，引入"集"与"成员资格"的概念。集合是现代数学的基础。

算术

学习用玩具钞票：活动工具包 - 当孩子们明白"钱"能做什么时，他们就会喜欢上它！这种吸引力能帮助他们学习数数、做加法、做乘法和理解大数。书中提供了用玩具钞票学习数学的点子。

励志书籍

如果我有一位怪兽朋友 – 学龄前的孩子身边有很多爱他们、陪伴他们的人。在这本插画精美的绘本中，怪兽朋友代表这些充满爱意、和孩子互动的人。

通往群星的阶梯 - 在安静的陈溪村里，有个名叫叫浩宇的的男孩，梦想走向星星。他的旅程开始在一个清爽的秋晨——背着大麦，穿着草鞋，怀着不张扬却很坚定的心。

为数学爱好者

π 的前百万位数字 - 圆周率 (π) 是圆的周长与直径的比值，人们早在数千年前就知道它的存在。由于 Pi 是无理数，因此它会永远持续下去。本书给出了圆周率的前 100 万位数字。

欧拉数的前百万位数字 - 欧拉数"e"（自然对数的底数）的存在已为人所知多年。常数 e 是由瑞士数学家雅各布·伯努利在研究复利时发现的。这本书有 e 的前百万位数字。

二的平方根的前百万位数字 - 数学家知道 2 的平方根是无理数，它的数字永远持续下去，不会重复。它是使用无穷级数计算的。本书列出了 2 的平方根的前百万位数字。

前十万个素数 - 质数是任何大于 1 的整数，且只有其本身和 1 作为因数。自古以来，人们就一直在研究质数。以下是前 100,000 个质数。

欲了解最新的书籍列表，请访问 https://lifeisastoryproblem.tripod.com/aauthor/chinese.html。

www.ingramcontent.com/pod-product-compliance
Lightning Source LLC
Chambersburg PA
CBHW050044080526
44586CB00014B/1444